大学生创新创业思维与方法研究

单林波 著

图书在版编目（CIP）数据

大学生创新创业思维与方法研究 / 单林波著 . -- 北京：中国商务出版社，2020.5
ISBN 978-7-5103-3372-9

Ⅰ.①大… Ⅱ.①单… Ⅲ.①大学生－创业－研究
Ⅳ.①G647.38

中国版本图书馆 CIP 数据核字（2020）第 082980 号

大学生创新创业思维与方法研究
DAXUESHENG CHUANGXIN CHUANGYE SIWEI YU FANGFA YANJIU

单林波　著

出　　版：	中国商务出版社
地　　址：	北京市东城区安定门外大街东后巷28号　　邮编：100710
责任部门：	教育培训事业部 010-64243016　　gmxhksb@163.com）
责任编辑：	丁海春
总 发 行：	中国商务出版社发行部（010-64208388　64515150）
网购零售：	中国商务出版社考培部（010-64286917）
网　　址：	http://www.cctpress.com
网　　店：	https://shop162373850.taobao.com/
邮　　箱：	cctp6@cctpress.com
开　　本：	710 毫米×1000 毫米　　1/16
印　　张：	13　　　　　　　　　字　　数：201 千字
版　　次：	2020 年 9 月第 1 版　　印　次：2020 年 9 月第 1 次印刷
书　　号：	ISBN 978-7-5103-3372-9
定　　价：	60.00 元

凡所购本版图书有印装质量问题，请与本社总编室联系。（电话：010-64212247）

版权所有　盗版必究（盗版侵权举报可发邮件至此邮箱：1115086991@qq.com或致电：010-64286917）

>> 内容简介

本书致力于研究大学生创新创业所需的思维与方法。全书共分七章,包括创新与创业、创新教育、创业能力的积蓄、创业机会、创业策划、风险防范与危机管理、创业计划书。书中内容以系统、专业、实用和创新为特色,深入研究了创业过程的内在机理,揭示和反映了创业活动的一般规律。

本书可供相关领域教师、研究人员、学生参考,对此领域感兴趣的读者也值得阅读。

目 录

第一章 创新与创业 ··· 1

    第一节 创新创业 ··· 1

    第二节 国内外创业概况 ······································· 7

    第三节 大学生创业的必要性 ·································· 29

第二章 创新教育 ··· 31

    第一节 基本概念 ·· 31

    第二节 组织与实施 ·· 39

    第三节 创业教育的意义 ······································ 47

第三章 创业能力的积蓄 ·· 50

    第一节 创业意识 ·· 50

    第二节 创业精神 ·· 63

    第三节 创业思维 ·· 66

    第四节 创业能力 ·· 69

第四章 创业机会 ... 74

第一节 创业机会概述 ... 74
第二节 机会识别 ... 83
第三节 机会评价 ... 95

第五章 创业策划 ... 102

第一节 确立创业目标 ... 102
第二节 商业模式选择 ... 107
第三节 创业方式选择 ... 114
第四节 资源整合 ... 122
第五节 融资 ... 128
第六节 组建创业团队 ... 147

第六章 风险防范与危机管理 ... 152

第一节 创业风险的概念 ... 152
第二节 创业风险的识别 ... 156
第三节 创业各阶段风险与防范 ... 158
第四节 创业危机管理 ... 175

第七章 创业计划书 ... 186

第一节 基本概念 ... 186
第二节 内容构成 ... 192
第三节 自我评估 ... 199

参考文献 ... 201

第一章
创新与创业

第一节 创新创业

一、创新

创新是以新思维、新发明和新描述为特征的一种概念化过程,强调的是开拓性与原创性。在西方,英语中Innovation(创新)这个词起源于拉丁语,原意含有三层意思:第一,更新,就是对原有的东西就行替换;第二,创造新的东西,就是创造出原来没有的东西;第三,改变,就是对原有的东西进行发展和改造。

1912年,美国经济学家约瑟夫·熊彼得第一次将创新引入了经济领域。熊彼得在其著作《经济发展概论》中指出:创新是指把一种新的生产要素和生产条件的"新结合"引入生产体系,包括五种情况:开发新产品、引进新技术、开辟新市场、发掘新的原材料来源、实现新的组织形式和管理模式。

近代以来,人类文明不断进步并取得了丰硕成果,这主要得益于科学发现、技术创新和工程技术的不断进步,得益于科学技术应用于生产实践中形成的先进生产力,得益于近代启蒙运动所带来的人们思想观念的巨解放。可以这样说，人类社会从低级到高级、从简单到复杂、从原始到现代的进化历程，就是一个不断创新的过程。随着社会的发展，创新逐渐涵盖了政治、军事、经济、社会、文化、科技等众多领域。

21世纪是知识经济时代，它的到来使我国高等教育面临着前所未有的机遇和挑战。知识经济是依靠知识创新和知识广泛传播发展并以智力资源来创造财富的经济，创新是它的灵魂，而创新的关键在于人才。培养具有创新素质的人才是时代的迫切需要，也是一个国家富强及在国际竞争中立于不败之地的重要因素。

二、创业

从"创业"这个概念的汉语使用语法来看，人们一般在以下三种状况下使用：强调草创的艰辛和困难；突出过程的开拓和创新的意义；侧重于在前人的基础上有新的成就和贡献。美国巴布森商学院和英国伦敦商学院联合发起，加拿大、法国、德国、意大利、日本、丹麦、芬兰、以色列等10个国家的研究者应邀参加的"全球创业监测"项目，把创业定义为：依靠个人、团队或一个现有公司，来建立一个新公司的过程，如自我创业、现有公司的扩张等。清华大学的姜彦福、林强、张健等学者指出，创业是一个跨越多个学科领域的复杂现象，不同学科都从其独特的研究视角进行观察和研究，这些学科包括经济学、心理学、社会学、人类学、管理学等，而在各个学科领域又衍生出不同的创业研究方向。学术界关于"创业"的定义，目前尚未完全达成一致。

综观创业概念的有关论述，我们认为，创业是某一个人或一个团队，使用组织力量去寻求机遇，去创造价值和谋求发展，并通过创新来满足愿望和需求的过程。

从广义的角度去看个人创业，可以理解为一个人根据自己的性格、兴趣、所学专业、能力等选择适合自己的职业，并为这个职业的成功准备各种条件，直至实现自己人生目标的过程和结果。也可以说，这是一个人为了实现自己的人生目标，从事社会发展所需要的工作，并为社会发展做出贡献的经常性活动。

从狭义的角度来看，创业通常指自主创业。自主创业又称独立创业，是指创业者个人或者创业团队白手起家进行创业，是指转变择业观念，以资源所有者的身份，利用知识、能力和社会资本，通过自筹资金、技术入股、寻求合作等方式创立新的社会经济单元，即不做现有就业岗位的填充者，而是为自己、为社会更多人创造就业机会。

(一) 创业的要素

创业的关键要素包括创业机会、创业团队和创业资源。

创业机会是指创业者可以利用的商业机会。从创业过程角度来说，机会是创业的起点，创业过程就是围绕着机会进行识别、开发、利用的过程。

创业团队是指在创业初期（包括公司成立前和成立早期），由一群才能互补、责任共担、愿为共同的创业目标而奋斗的人所组成的特殊群体。

创业资源是指新创公司在创造价值的过程中需要特定的资产，包括有形与无形的资产，它是新创公司创立和运营的必要条件，主要表现形式为创业人才、创业资本、创业技术和创业管理等。

在创业活动中，这三个要素都是不可或缺的。没有机会，创业活动就成了盲目的行动，很难实际创造价值；机会虽然普遍存在，但如果没有创业者去识别和开发机会，创业活动也不可能发生；创业者不仅要会把握合适的机会，还需要资源，否则机会将无法被开发和利用。

可以从以下方面去认识创业要素间的关系特点：

第一，商业机会是创业过程中的重要驱动力，创业者或创业团队是创业过程的主导者，资源是创业成功的必要保证。创业过程始于创业机会，而不是资金、战略、网络、团队或商业计划。开始创业时，商业机会比资金、团队的才干和能力及合适的资源更重要。在创业过程中，资源与商机间经历着一个适应到差距到适应的动态过程。商业计划是沟通创业者、商机和资源三个要素相互间匹配和平衡的语言和规划。

第二，创业过程是商业机会、创业者和资源三个要素匹配和平衡的结果。创业者要善于配置和平衡，借此推进创业过程，包括对商机的理性分析和把握，对风险的认识和规避，对资源的合理利用和配置，对工作团队适应性的认识和分析。

第三，创业是一个连续不断地寻找平衡的行为组合。在三个要素中绝对的平衡是不存在的，但创业过程要保持发展，必须追求一种动态的平衡。

总之，创业者必须在推进业务的过程中，在模糊和不确定的动态创业环境中培养捕捉商机、整合资源、构建战略和解决问题的能力。

（二）创业的特征

一般认为，创业具有机遇性、创新性、价值性、曲折性、风险性等基本特征。

机遇性：把握机遇是创业成功的起点和前提。机遇是给那些对事业有信念、有追求和有渴望的人的，机遇面前人人平等，要善于抢抓机遇。无论是公司还是个人，都一定是时势造英雄，而不是英雄造时势。顺流而上，这是手法。形势好了，才有机会成为英雄。只有成为英雄后，才有可能去适应时势、改造时势。

创新性：创新是创业成功的关键，是竞争取胜的法宝。创业过程是一个不断创新的过程，创新型人才首先要有创新动机、创新意识和创新精神。创新蕴涵从无到有，从小到大，由旧变新，由弱变强的全过程。而新事物、新价值、新内容、新功能等是创新的本质含义。

价值性：创业的目的是为了"实现经济价值和社会价值，提高和升华自我价值"，是否创造了价值是衡量创业成功与否的重要标志。

曲折性：创业过程是一个曲折坎坷、充满风险的过程。创业者投入了大量的资金和精力，往往要受到很多挫折，经过艰苦的努力，倾注大量的心血，也许获得成功，也许遭受失败。创业者必须有充分的心理准备，鼓足勇气，不屈不挠，才能成为创业的成功者。

风险性：创业存在风险，创业结果存在不确定性。创业没有成功的经验可供借鉴，没有有效的方法可套用。它是在没有前人思维痕迹的路上去努力创新。成功与失败是可以预期的创业结果，但它们的出现都不是必然的，受到创业过程中各种因素的影响。这些因素包括技术进步、市场变化、政策调整、财务结构以及机会主义行为等。所以，强化风险意识、仔细识别风险、尽早化解风险，是创业者在创业过程中最重要、最经常、最紧迫的任务。

（三）创业的分类

创业的路各不相同，可以从不同的角度对其进行分类。

根据创业的目的可分为机会型创业和生存型创业。机会型创业是指创业的出发点并非谋生，而是为了抓住、利用市场机遇，它以市场机会为目标，以创造新的需要或满足潜在需求为目标，因而会带动新产业发展。生存型创业是指为了谋生而自觉或被迫地创业，大多属于尾随和模仿，因而往往加剧市场竞争。

根据创业的起点可分为创建新公司和既有组织内创业。创建新公司是指创业者从无到有地创建全新公司的过程，这个过程充满机遇和刺激，但风险和难度也大，创业者往往缺乏足够的资源、经验和支持。既有组织内创业是指在现有组织内的有目的创新过程。以公司组织为例，可指公司由于产品、营销以及组织管理体系等方面的原因，在公司内进行重新创建的过程。例如，公司流程再造正是通过二次、三次乃至连续不断地创业，使公司的生命周期不断地在循环中延伸。

根据创业者的数量可分为独立创业和合伙创业。独立创业是指创业者独立创办自己的公司,特点在于产权归创业者个人所有,公司由创业者自由掌控,决策迅速,但创业者要独自承担风险,创业资源整合比较困难,并且受个人才能限制。合伙创业是指与其他人共同创办公司,其优势和劣势正好与独立创业相反。

根据创业项目性质可分为传统技能型、高新技术型和知识服务型创业。传统技能型创业是指使用传统技术、工艺的创业项目,如酿酒、饮料、工艺美术品、服装与食品加工、修理等,这些独特的传统技能型项目在市场上表现出经久不衰的竞争力。高新技术型创业是指知识密集度高,带有前沿性、研究开发性质的新技术、新产品创业项目,如将航天等高新技术领域的成果实现产业化、形成新产品,微波炉进入千家万户就是最好的例子。知识服务型创业是指为人们提供知识、信息等服务的创业项目。当今社会,会计师事务所、工程咨询公司等各类知识型咨询服务机构不断细化和增加,这类项目投资少、见效快,竞争也日渐激烈。

根据创业方向或风险可分为依附型、尾随型、独创型和对抗型创业。依附型创业可分为两种情况,一种是依附于大公司或产业链而生存,在产业链中明确自己的角色,为大公司提供配套服务,是许多创业者初期的选择。二是特许经营权的使用,如利用知名品牌效应和成熟的经营管理模式,通过连锁、加盟等方式进行创业;尾随型创业即模仿他人创业,行业内已经有同类公司或类似经营项目,新创公司尾随他人之后,学着别人做,当然,此时创业者虽为模仿,但有特色,例如质量更高、价格更低等,不然无法在市场上胜出;独创型创业是指提供的产品和服务能够填补市场空白,大到独创商品,小到商品的某种技术;对抗型创业是指进入其他公司已形成垄断地位的某个市场,与之对抗较量。

根据创新内容可分为基于产品创新的创业、基于营销模式创新的创业和基于组织管理体系创新的创业。

基于产品创新的创业是指基于技术创新或工艺创新的结果,用新产品产生新的消费者群体,从而导致创业行为的发生。例如,通过工艺创新将原先的玻璃杯做成紫砂杯,甚至紫砂保温杯,可以使一批品茶爱好者买到中意的茶杯。

基于营销模式创新的创业是指采取了一种有别于其他厂商的市场营销模式,因而可能给消费者带来更高的满足感。

基于组织管理体系创新的创业是指采取一种有别于其他厂商的公司组织管理体系,因而能更有效地实现产品的商业化和产业化。

三、创新创业

创新创业是基于创新基础上的创业活动,既不同于单纯的创新,也不同于单纯的创业。创新强调的是开拓性与原创性,而创业强调的是通过实际行动获取利益的行为。因此,在创新创业这一概念中,创新是创业的基础和前提,创业是创新的体现和延伸。

创新创业与传统创业根本区别在于创业活动中是否有创新因素。这里的创新不仅指的是技术方面的创新,还包含管理创新、知识创新、流程创新、营销创新等方面。总之,只要能够给资源带来新价值的活动就是创新。在某一方面或者某几个方面进行创新并进而创业的活动,就是创新创业。没有在任何方面进行创新的创业就属于传统创业。

第二节 国内外创业概况

知识经济时代,高科技产业的发展成为一国竞争力的主要决定因素,而高科技产业的发展不仅需要大批具有创新精神和创造力的人才,更需要一个完整的创业体系的支撑,创业已成为一国经济持续发展的原动力。

一、美国的创业现状

通过正规系统的创业教育，美国已经源源不断地培养出大批创新创业型人才，以比尔·盖茨为代表的创业者们已经彻底改变了美国和世界的经济，创造出前所未有的巨大价值，推动了整个社会经济、高科技产业和创新体系的蓬勃发展。

20世纪90年代以后，美国经济高速增长堪称当代经济奇迹。全国每年都有110多万个新公司成立，创业高潮一浪高过一浪，在美国历史上，创业从来没有像当时这么生机勃勃。创业为美国经济增添了活力，创造了大量就业机会，支撑了美国经济几十年持续强劲的发展。未来学家约翰·奈斯彼特认为，创业是美国经济持续繁荣的基础。世界管理学大师彼得·德鲁克认为：创业型就业是美国经济发展的主要动力之一，是美国就业政策成功的核心。曾几何时，有位经济学家因为证明了"世界上任何一家不超过百人的公司都不会影响经济及政策的制定"而获得了诺贝尔经济学奖。但是20世纪70年代末，美国麻省理工学院的研究者戴维·伯克发表的研究成果推翻了之前认为大型公司是经济支柱和新就业机会提供者的说法，他的研究结论是：从1969年到1976年，新的小型成长型公司创造了美国经济中80%以上的新就业机会，而这些新的就业机会基本上来自新公司的诞生和成长。美国的一项统计数据显示，规模在100人以下的公司创造了美国经济中的绝大部分新就业机会。可以说，新公司的诞生和成长是创造就业机会的发动机。

目前，美国的年轻人对创业表现出比他们的上一代更加浓厚的兴趣和热情，可以说，创业观念已经深深地植根于美国文化之中。一项对美国高中生的随机抽样调查显示，70%的学生希望将来拥有自己的公司，他们的家长中有一半希望拥有自己的公司。这些年轻的创业者们在构思、开办并迅速发展新公司方面的作为，充分体现出新创业一代的希望，他们的努力孕育并产生了各种全新的公司，也产生了许许多多年轻的创业企业家。

值得注意的是，有研究表明，自第二次世界大战以来，美国有50%的创新、95%的根本性创新是由新诞生的小型创业公司完成的。小型创业公司在研究和开发方面比大型公司更有成果、更有活力。创业者是社会财富的创造者，创业过程不仅是创造社会财富、积累社会财富的过程，而且往往伴随着创新，甚至是重大创新的过程。有抱负的创业者们和那些成功的创业公司对美国而言意义深远。

当高科技产业持续高速发展、大量充满活力的新公司在美国不断涌现的同时，大学校园的高技术创业浪潮正席卷整个美国，大学生的创业热情空前高涨。

起源于美国大学的创业计划竞赛正是在这种形势下应运而生的。创业计划又名"商业计划"（Business Plan），是一无所有的创业者就某一项具有市场前景的新产品或服务向风险投资家游说以取得风险投资的可行性商业报告。大学生创业计划竞赛不是普通意义上的大学生专业比赛，而是以实际技术为背景、跨学科的优势互补的团队之间的综合较量。竞赛的意义也不局限于大学校园，从某种程度而言，创业计划竞赛是高等院校与现实社会和大学生与公司之间的互动与沟通。创业计划竞赛是借用风险投资的实际运作模式，要求参赛者组成优势互补的竞赛小组，提出一个具有市场前景的技术产品或者服务，围绕这一产品或服务，以"获得风险投资家的投资"为目的，通过深入的研究和广泛的市场调查，完成一份完整、具体、深入的商业计划。

美国大学校园的商业计划竞赛起源于1983年，当时得克萨斯州立大学奥斯汀分校的两位MBA（工商管理硕士）学生希望借鉴法学院一种模拟法庭的形式举办商业计划竞赛，以此来推动高校MBA学生走入社会，进行公司策划的演练。当时他们的活动并没有受到多大的重视，校方只给这两位同学象征性的经费支持。这两位商业计划竞赛的创办人经历千辛万苦，终于成功举办了世界上第一次商业计划竞赛。当得州大学奥斯汀分校的商业计划竞赛的举办者为了吸引新闻媒体和其他各方面的注意，开始邀请著名的宾夕法尼亚大学沃顿商学院等几家全美最有影响力的商学院参加他们的比赛并且展现出极大的竞赛价值的时候，许多美国高校开始群起仿效。麻省理工学院、斯坦福、哈佛等著名高校先后创办了自己的商业计划竞赛。从某种意义上说，高校的商业计划竞赛已经成为知识经济时代美国经济的直接驱动力量之一。

每年，从麻省理工学院创业竞赛中诞生的公司都在增加，更有许多成熟的商业计划被附近的高技术公司以高价买走，从而促进了周边公司的发展。这些从麻省理工学院创业竞赛中诞生的公司绝大部分发展十分迅速，年成长率通常在50%以上。其中很多都在高技术领域占领先机，成为硅谷成功的重要原因之一。此后，不仅世界上很多国家在效仿硅谷，美国许多其他地方也希望塑造本地的"硅谷"，但都没有取得硅谷这样的成就，最重要的原因恐怕就是整个硅谷得天独厚的优良环境：优秀的大学、优秀的创业者、优秀的投资家、优秀的创业环境。当代著名的美国高科技大公司，几乎都是创业者们利用风险投资创造出来的。Intel的摩尔、葛鲁夫，Microsoft的盖茨、艾伦，Apple的乔布斯，Hp的休利特、帕卡德，Netscape的安德森，Dell的戴尔，Yahoo的杨致远等都是创业者们的典范，这些公司中大部分是年轻的学生们在离校后不久甚至在学校里就开始创办的。

据不完全统计，2005年，美国有1600多个学院开设了2200门关于创业的课程，成立了100多个有关创业的研究中心，44本学术性期刊就与创业相关的问题展开了讨论。甚至有些大学还成立了创业学系。与此同时，创业领域的教授席位大幅增加。代表性的创业课程有：战略型创业（市场机会分析）、新公司创建（商业计划）、新事业融资（投资新事业）、创业高级原理（与企业家共事）等。创业初期，大学生往往面临资金不足的困境，不过，美国是世界上创业投资最发达的国家，有成熟的资本市场，不仅风险投资资金充足，而且信息服务行业发达，各种咨询服务机构更是一应俱全，因而增加了美国大学生的创业计划的可行性。此外，美国大学生还可利用信用卡借贷来创业。

美国高校创业教育特点如下：

第一，高校领导高度重视。美国高校创业教育的普遍开展以及形成比较完整的教学和研究体系，与学校的重视和支持分不开。美国加州大学洛杉矶分校的副校长埃尔温兼任该校创业教育研究中心的高级顾问。仁斯里尔理工大学现任校长杰克逊提出将创业教育摆在学校教学与管理工作的重要位置，仁斯里尔理工大学商学院院长兼任创业教育中心主任，则将2004年的MBA教学计划进行重大调整，围绕创新者和创业者必须具备的技巧和综合知识来开展各种课程教学。从某种意义上来说，百森学院的立校之本就是创业教育，百森学院和伦敦商学院共同承担一年一度的"全球创业观察"（GEM）研究，自1981年以来每年均举办一次"百森—考夫曼基金创业研究会"及"全球创业研讨会"。

第二，具备良好创业素养的专兼职教师队伍。美国高校十分重视创业教育师资队伍建设。一是鼓励和选派教师从事创业及创业实践体验，要求专职教师不仅具有一定的专业知识，还需要具有一定的创业实践经验和实践技能。很多美国大学商学院的教授都曾有过创业的经历，并担任过或现在仍然担任一些公司的外部董事，这使得他们对创业领域的实践、发展趋势及创业教育社会需求变化有良好的洞察力。二是注重吸收社会上一些既有创业经验又有一定学术背景的资深人士兼任教学和研究工作，并以短期讲学的方式参与大学创业教育项目。兼职教师通常都具有创业或公司方面的实际经验，如风险资本家、创业家和实业家、新创立公司的高级管理层人员等。资深兼职教师的加盟，为大学创业教育提供了鲜活的思想，极大地丰富了课堂教学内容。三是由于知识的不断更新，美国高校非常重视创业教育的师资培训，以适应创业教育的需要。一方面是对教师进行有关创业教育教学知识和创业实践的培训；另一方面是组织研讨会，使教师及时地获取新知识和新经验，并不断地开拓新的研究领域。

第三，开设以案例教学为主的创业教育必修课程。在美国，高等学校鼓励大学生创业成才，他们在美国各高校的本科生、MBA中广泛开设创业课程，帮助学生了解有关公司运作、财务管理、市场营销、人力资源管理等知识。在创业教育中，以案例教学为主，教师将美国大量的创业成功案例引进创业课堂教育中，通过对这些案例的讨论和分析，不仅使学生培养了良好的创业知识、学到了一定的创业经验，而且这些案例中的成功人士也成了大学生们创业的典范。通过创业教育课程的学习，学生通常要独立完成一份创业企划书，以检验自己的创业意识和创业能力，为参加创业竞赛打下基础。

第四，设置极具特色的高校创业教育中心。为了加强对大学生创业教育和创业实战经验的培养，各大学纷纷建立专门的创业教育中心，且各具特色。如百森商学院于1967年最早开始进行创业教育，1979年设立了创业专业和创业教育中心，通过创业教育中心，使其25%的本科学位与创业有关。卡耐基梅隆大学的创业教育中心则以创业学研究而著称。

第五，广泛开展创业计划竞赛。美国各高校除了加强创业教育和训练以外，还广泛开展创业设计竞赛。大学生的创业计划竞赛是以高新技术为背景、跨学科的优势互补的团队之间的综合较量。由于美国高科技产业持续高速发展，大量充满活力的新公司不断涌现，极大地激发了大学生的创业热情。在这种背景下，美国大学的创业计划竞赛应运而生。创业计划竞赛是借用风险投资的实际运作模式，要求参赛者组成优势互补的竞赛小组，提出一个具有市场前景的技术产品或者服务，围绕这一产品或服务，以"获得风险投资家的投资"为目的，通过深入研究和广泛的市场调查，完成一份完整、具体、深入的商业计划。目前，麻省理工学院、斯坦福大学等十几所世界一流大学每年都会举办这一竞赛。麻省理工学院从1990年以来已经举办了十多次,每次竞赛结束后都要诞生好多家高科技公司,这些公司成长迅速、收益高,吸引了大批风险投资家涌入大学校园寻找未来的技术经济人才。这说明创业教育与创业竞赛活动不仅是培养大学生创业精神的一个有效路径,更是成为知识经济时代美国经济发展的直接驱动力之一。

第六,创业教育组织机构多样化。美国高校的创业教育组织机构主要包括:

创业教育中心:主要负责制定和实施创业教育课程计划、创业教育研究计划、外延拓展计划;

创业家协会:一般由较为杰出的创业家组成,他们不但要参与教学,还要为创业中心提供资金和各种捐助;

智囊团:主要由董事长、首席执行官、总裁等组成,每年定期召开两次会议,提出一些改进的建议与措施,充分发挥咨询与外联的作用;

创业研究会:每年召开一次学术交流会议,为创业研究者提供人际沟通机会,出版会议交流论文、索引、文摘及相关书刊;

家庭企业研究所:主要负责开设家庭企业系列讲座、家庭企业研讨会,颁发杰出家庭企业奖等,目的是帮助家庭企业快速成长并成功地把企业交给下一代。美国的创业教育有着30多年的历史和经验,这对当前我国高等院校开展创新创业教育、建立创新创业学科、设置创新创业专业有着重要的借鉴价值。

二、英国的创业活动

1983年,在英国王储查尔斯王子的倡导以及王子基金的支持下,英国启动了"青年创业计划",动员和联合企业界和社会力量为青年创业提供咨询指导和资金、技术、网络支持。为了推广和发展"英国青年创业计划"这一成功的项目模式,英国王子基金和威尔士王子国际商业领袖论坛于1999年共同组建了"青年创业国际计划"（简称YBI），致力于整合国际资源，探寻和确立帮助弱势青年成长为企业家的最先进方式。YBI通过与基金会、公益组织、企业、公司、个人等合作伙伴开展合作，帮助失业、无业青年创建公司。目前，YBI在世界范围内有9000名创业导师，在数十个国家运行。

(一)"青年创业计划"和"大学生创业项目"

1. "青年创业计划"的起源和发展

英国王子基金1983年启动了青年创业计划，该计划的主要内容是动员企业界和社会力量，志愿为18岁至30岁的失业、半失业青年提供创业咨询以及技术、资金和网络支持。据不完全统计，英国的王子基金在2000年到2007年间共帮助了3万名青年创业，主要方式是提供借券式的创业启动金，数额一般在1500~3000英镑不等。

1998年，英国政府启动了"大学生创业项目"，专门为18~23岁的在校大学生设计了创业课堂和开办公司服务，2002~2003年参与此项目的大学生有13154人。2004年，英国贸工部下属的"小企业服务"中心拨款15万英镑，专门用于帮助大学生的创业教育、培训、指导和鼓励创业。青年创业计划的成功引起了不少国家的兴趣，他们纷纷赴英考察学习。目前，青年创业计划的项目模式已在几十个国家成功运行。这些国家中有发达国家，也有发展中国家；有传统经济国家，也有转型经济国家；有东方文化的国家，也有西方和穆斯林文化的国家，充分显示出该模式的广泛适应性。

2. "青年创业计划"的特色

第一，提供发展债券式的创业启动金。通常情况下，创业者可以从三种渠道获得创业启动金：一是银行商业贷款，二是小额信贷，三是政府或其他机构的无偿资助。对于没有经验和财产积累的青年人，特别是弱势青年来讲，这三种渠道都很难实现，因为银行贷款手续繁杂，并且要求有财产抵押和担保；小额信贷对资金投向的地区、人群、项目限制较多，而且通常利率要高于商业贷款；至于无偿资助，数量非常有限，申请条件也极为严格。因此，难以获得创业启动金是青年人创业时所面临的最大困难之一。

英国的"青年创业计划"针对青年人特点，提供发展债券式的创业启动金。这种资助方式不同于银行贷款或者小额信贷，因为青年人在申请资助时不需要任何财产抵押和担保，而且手续简便。但它也不是无偿的创业赠款，青年人要支付利息（利息通常低于银行利息），并要按规定分期还款。当然，如果青年人确实经营困难或者经营失败，也可以申请减免或者延期还款。

简而言之，发展债券式的创业启动金介于商业贷款和慈善救济之间，是一种以青年人的信用为担保、以促进经济和社会发展为目的、债券式的投资资助方式。这种独具特色的资助方式在英国取得了较好的效果。在参与创业计划的青年人中，创业2～3年内还清贷款的比率为70%（这一比例比风险投资的回报率要高）。重要的是，这种资助方式有利于创造健康积极的经济环境并促进社会长远发展。它帮助青年人树立责任感："我必须经营好我的公司，还回贷款，让基金去资助其他人"。同时，青年人在这一过程中也学会了管理和经营等技能，锤炼了企业家的素质。

第二，提供一对一的创业辅导。为青年创业者提供一对一的创业辅导，由创业导师陪伴青年人创业，这是"青年创业计划"的显著特色，也是该计划取得成功的关键。每一个参加创业计划的青年人，在创业的头三年里，都会获得一名创业导师的帮助。这些创业导师通常由经验丰富的企业家或职业经理人志愿担任。每个导师平均每个月花费四五个小时的时间对青年进行具体指导，他们的联络方式可以是见面，一起实地走访公司和客户，也可以是打电话或发电子邮件。创业导师不仅为青年人提供经验、专业知识、技术、网络方面的帮助，更是青年创业者的朋友、师傅和向导。他们不图名利、志愿奉献，赢得了青年的信任，也保证了"青年创业计划"的成功率，就相当于把青年人"扶上马，送一程"，使该项目的服务更务实、更有成效。目前，"青年创业计划"招募的创业导师已有上万人，这些创业导师在上岗前要接受专业培训，在上岗期间要接受项目管理人员的跟踪和监督，以保证创业辅导的质量和信誉。

第三，扶持弱势群体。"青年创业计划"以扶助弱势青年为重点，即失业或半失业青年，特别是少数族裔青年、残疾青年和有过违法犯罪行为的青年，旨在培养他们的就业创业能力。

3. "青年创业计划"的运行和管理体制

在项目管理过程中，工作量最大的一部分是导师和专家的协调工作，包括招募、培训、管理、跟踪监督和评估奖励等。"青年创业计划"还为项目设计了专门的管理软件、数据库和内部网络系统，项目管理人员在处理项目流程中所涉及的各项工作时都要在内部网络上进行即时记录并做阶段性总结。

（二）英国高等院校的创业教育

近年来，英国的创业教育在全国高校风行，一股自主创业潮流正奔涌而来。与中国一样，英国也面临着大学生就业难题。20世纪50年代，英国只有3%的人口接受过高等教育，21世纪以来，大学毕业生数量空前膨胀，但是就业岗位并没有增多。为了解决就业压力，2004年9月，英国政府贸工部下属的"小企业服务"中心与高校联合成立了大学生创业促进委员会，促进"高等院校、地区以及当地商业支持伙伴之间加强联系，鼓励大学生在学科课程中加强创业技能的培养，向决策部门提供影响大学生创业关键因素的信息，开展创业理论研究等#不仅如此，"小企业服务"中心还为大学生创业提供创业咨询、资金支持以及推广等"商业连接"服务。

2006年，数据表明英国190万大学生中参加创业教育的学生达到13万人，占全部学生的7%，其中修习创业课程学生数占34%，参加课外创业活动的学生数占66%，并创造出了堪与美国硅谷媲美的大学生创业的"剑桥奇迹"——硅沼。"硅沼"之名，得自剑桥周边信息技术公司所在的那片沼泽地，与美国加州斯坦福大学周边的"硅谷"并称。

20世纪80年代以来，硅沼拥有了上千家高新技术公司，雇用员工上万名，年收入40多亿美元，被视为欧洲最成功的科学园。近年来，在制药、计算机科学等领域，剑桥与葛兰素、微软等大型跨国公司开展了深入的合作，有力地推动了巨大科研成果的产生，这极大地提升了大学生的社会实践和创新能力。

英国大学生热衷创业的一个重要原因在于他们多数受到过创业教育，对创业并不陌生，也就没有那么多畏惧感。大学生看到了在英国创业的种种便利条件、政府的鼓励和支持以及新经济带来的机遇。成熟的风险投资和信贷体系也帮助大学生创业者提供了解决资金瓶颈的办法。如果需要到商业银行贷款却没有抵押品，凭借一份好的商业计划书也同样可能贷到款。比如，英国综合排名第六的拉夫堡大学就规定，该校"学生创新和创业奖学金"的获得者将享受知识产权法规、公共关系和营销建议、商业计划和资金申请、良好风险基金的介绍等创业指导。许多高校还联合起来专门成立针对全国大学生的创业网络，通过提供包括英国创业计划、创业大事列表等资源来支持学生创业。此外，每两个月就由学生创业协会主办一次全国范围内的会议，目的是帮助创业群体共享知识和思想，增强对创业的认同感。

（三）英国政府支持大学生创业的举措

除了开展"青年创业计划"外，英国还大力鼓励和支持全社会，尤其是高等院校的教师和学生创业。英国政府1998年就发表了《我们竞争的未来：建设知识推动的经济》白皮书，白皮书中说："我们的成功取决于我们如何善用我们最宝贵的资产：我们的知识、技能和创造力。这个新世界对企业家的挑战，要求他们是创新的、有创造性的，能够持续改善性能，建立新的联盟和合作冒险。对政策制定者的挑战是创造一个框架，用这个框架支持科技持续发展，加强竞争以及创业和创新文化，并使环境得到有效保护。若有一个稳定的金融和经济背景，有一个支持创业的商业和社会环境，市场、技术和资金容易获得，有一支教育精良和技术熟练的、灵活的劳动队伍，创业就能获得成功。"

英国政府在鼓励大学毕业生创业上主要抓了三方面工作：一是放松市场管制和市场准入，扩展创业空间；二是降低创业的行政成本、税收成本和风险成本，提高创业的预期收入；三是创建创业信息系统和创业融资体系，提供创业支持。

三、法国的创业活动

近年来法国的一些地区已经开展了诸如"在中学里办公司""教中学生办公司"等许多活动。活动的目的并不一定要办公司，而是让学生继续学业的同时，做好职业选择与就业工作的心理准备，培养他们探索创业的兴趣和能力。

(一)法国的"青年挑战计划"

法国政府部长理事会在1986年决定发起"青年挑战计划"，目标是建立一个帮助青年创新创业的支持机制。

1. "青年挑战计划"的起源和发展

"青年挑战计划"于1987年由法国青年体育娱乐部（青体部）（2002年改组为"青年、教育和研究部"）牵头启动并开始运行，主要为18岁至25岁的青年或青年团体开展创新创业项目提供无偿的资金、培训、咨询、中介、后勤服务。在随后的几年中，该计划的服务对象又逐渐扩大到15岁至28岁的青年。到新世纪初，"青年挑战计划"实施后，共有近10万青年参与和申请项目，上万个项目获得了资助，资助总金额达到3000万欧元。2001年，法国政府又提出了"十大青年项目"，通过项目资助，鼓励大学生自主创业。其成功的范例如通过资助获得成功的几个在校学生共同创建的兄弟网络协会，目前会员已经超过150个，各会员在协会创办的网站上都有介绍自己的栏目，协会聘请专业人士在网站上为儿童栏目播出节目、为儿童举办画展、开设心理咨询等。

2. "青年挑战计划"的特色

与英国的"青年创业计划"相比，法国的"青年挑战计划"有以下几个特色：

第一，政府提供资金支持。青年或青年团体有了创新创业的想法后，可以向当地的"青年挑战计划"办公室提出申请。"青年挑战计划"定期组织地区评审委员会对项目进行评审，通过评审的项目可以获得资助，资金的来源是政府拨款。

第二，鼓励创新。"青年挑战计划"的宗旨是让青年人发现自己的潜能和创造力，在全社会提倡创新氛围。因此，该计划从设计、评估，到奖励、宣传都以鼓励创新为出发点。在评审项目时，有益于社会、有创新性和挑战性是首要要求。"青年挑战计划"重视利用奖励机制宣传创新精神。每年，各地区都要组织评审委员会在获得资助的项目中评选优秀项目，奖金最高可达8500欧元。在此基础上，再在全国进行评审，选出约12个国家级优秀项目。除了进行表彰之外，"青年挑战计划"还将获奖者事迹编辑成册，并拍成电视短片，广泛宣传。

第三，政府跨部门的联合和合作。"青年挑战计划"是一个跨部门的合作项目，在实际运行过程中由青体部牵头协调和实施，由多个政府部门共同组成公益小组多渠道推行。小组的成员包括青体部、就业和社会团结部、中央政府就业和职业培训派出机构总协调委员会、法国邮政总局、法国教育集团等。此外，该计划还得到了海外事务部、旅游部、彩票基金会、社会行动基金会等国家部门的支持。对于青年人来说，参加了一个项目就可以同时得到多个相关政府部门的支持，这种"一站式"服务的方式非常有利于项目在青年人中间的推广。

3. "青年挑战计划"的运行和管理体制

在项目运行的流程上，法国的"青年挑战计划"与英国的"青年创业计划"大体相似，只是少了一对一的创业辅导导师。在法国，这种经验支持是由项目联系人来完成的。项目联系人是青体部及其地方派出机构的专职工作人员，专门负责"青年挑战计划"的实施、协调和管理。他们为参与者提供永久性的支持，从青年人有了创意、开始项目申请，一直到项目获得批准并开始筹建和运行。他们与青年交朋友，鼓励青年，帮助他们解决创业过程中的专业和心理问题。可以说，项目联系人既是社会工作者也是心理工作者。在专业技术指导方面，项目联系人主要依靠当地资源建立网络，为青年人寻找专业咨询、培训和支持，这些资源包括培训机构、工商管理学院、商会和文体协会、咨询公司等，涉及的有关费用由"青年挑战计划"项目承担。

值得一提的是，2007年8月，法国政府颁布了关于"大学自由与责任"的第2007—1199号法律，规定了大学在毕业生就业方面的责任；2008年2月，法国高等教育与科研部宣布成立大学生就业专项工作小组，协助大学做好毕业生就业与创业工作。这一信号表明，一向以自由市场化就业为主导的法国政府以至欧盟其他国家政府将越来越关注高校毕业生就业与创业工作，并进一步加强宏观指导。

四、德国的创业教育

起源于20世纪50年代的德国的"模拟公司"，有效地解决了职业学校经济类专业实践教学的难题，有助于培养学生的实践能力和增长相关知识。"模拟公司"是指人为创造的经济活动仿真模拟环境，作为经济类专业的实践教学场所和组织形式。学生在其中可经历全部业务操作过程，了解和弄清其各环节之间的联系，而又不必承担任何经济活动风险。根据产品和服务项目的不同定位，学生在此可以进行营销、财务、金融、贸易、储运、税务、海关、保险、证券等业务过程的模拟活动。模拟时除货物是虚拟的并且不发生实体位移外，其他如票据、账册、操作方式、核算办法等均按照现实经济活动中通行的做法设计和运作。由此可见，"模拟公司"也可理解为一种实践教学方法。

20世纪80年代后期，"模拟公司"在世界范围内得到了迅猛发展。据不完全统计，1998年4月，世界30个国家建立在数据库中可以查到其信息的"模拟公司"有2775个。此外，一些国家还建立了"模拟公司"协调中心，负责本国"模拟公司"之间的业务交往和人员培训，及从事国际商务和交流协调活动。为促进各国"模拟公司"之间的交往，1993年11月，欧共体和德国北威州政府支助建立了"欧洲模拟公司"网络，现已发展成为国际性组织——EUROPEN协会。

五、我国创业发展

改革开放之后，我国的非公有经济得到迅速发展，社会创业活动开始兴起，个人通过创办公司进入市场开展业务活动。出于推动国民经济发展等多种因素的综合考虑，政策也开始对创业活动进行关注，出现了一系列关于鼓励创业行为的法律法规和措施。从1978年开始，我国的创业活动基本可以划分为以下几个阶段。

第一阶段：1978年12月到1992年9月。

1978年12月，党的十一届三中全会提出："社员自留地、家庭副业和集市贸易是社会主义经济的必要补充部分，任何人不得乱加干涉。"1982年9月，党的十二大报告指出"由于我国生产力发展水平总的说来还比较低，又很不平衡，在很长时期内需要多种经济形式的同时并存"。同年12月，五届人民代表大会第五次会议通过《中华人民共和国宪法》，规定"在法律范围内的城乡劳动者个体经济，是社会主义经济的补充。国家保护个体经济的合法权利和利益。国家通过行政管理，指导、帮助和监督个体经济。1984年2月，国务院《关于农村个体工商业若干规定》专门针对农村劳动力剩余的问题，鼓励农村剩余劳动力经营社会急需的行业，经营者雇用人员的上限为7名，即最多可以请2名帮手、最多可以带5名学徒。

1987年8月，国务院制定的《城乡个体工商户管理暂行条例》，规定了有经营能力的城镇待业人员、农村村民以及国家政策允许的其他人员可以申请从事个体工商业经营，明确了个体工商户的经营范围集中于工业、手工业、建筑业等行业，最多只能雇用7名劳动人员，国家工商行政管理局也随即出台了条例的实施细则。

世界范围内科学技术的迅猛发展以及高新技术产业对于经济的促进作用，也使我国认识到推进科学技术发展的重要性，1985年3月《中共中央关于科学技术体制改革的决定》提出要促进技术成果的商品化，但是，在当时的环境下，还未能提出通过创立公司的方式来转化技术成果，只是规定科学技术人员可以从事业余技术工作和咨询服务，收入归己。另外，该项政策的另一项重要内容指出"对于变化迅速、风险较大的高科技开发工作，可以设立创业投资给以支持"，首次提出了要发展创业投资。同年9月，经国务院批准，国家科学技术委员会、财政部共同出资成立了我国第一家专营创业投资的全国性金融机构——中国新技术创业投资公司，简称中创，成为我国创业投资事业发展的重要里程碑。但是，受各方面原因的影响，运营效果并不好，最后以失败告终。之后《国务院关于进一步推进科技体制改革的若干规定》，也提出要促进科技成果的产业化，在信贷、风险投资、股份集资、税收等方面予以扶植和支持，进一步改革科技人员管理制度，但仍旧没有明确提出通过创办公司的方式进行。

1986年12月，《中华人民共和国企业破产法（试行）》在六届全国人民代表大会常务委员会会议上获通过，该法对企业破产的有关事项和相关程序进行了规范，但受当时条件的限制，其适用范围仅限于全民所有制企业。根据社会主义初级阶段理论，1987年10月，党的十三大指出非公有制经济特别是私营经济存在和发展的必要性。1988年4月，七届全国人大第一次会议通过的《宪法》修正案规定："国家允许私营经济在法律规定的范围内存在和发展。私营经济是社会主义公有制经济的补充。国家保护私营经济的合法权利和利益，对私营经济实行引导、监督和管理。"私营经济作为公有制经济的补充继个体经济之后确立了其合法地位，自此，私营企业开始加速发展。国务院在同年颁布的《中华人民共和国企业法人登记管理条例》建立了企业法人登记管理制度，对企业法人登记注册事项、开业登记、变更登记和注销登记等事务做出了规定，《中华人民共和国私营企业暂行条例》规定：私营企业是指企业资产属于私人所有、雇工8人以上的营利性的经济组织，包括独资企业、合伙企业和有限责任公司三类。此外，还明确规定了私营企业的开办和关闭程序，限定了私营企业生产经营的行业范围，以及可以申请开办私营企业的人员范围。1988年8月，为了通过市场的作用推进高新技术成果的商品化和高新技术商品的产业化，我国开始实施高新技术产业化发展计划——"火炬计划"。"火炬计划"的重点内容是创办高新技术产业开发区和创业服务中心。该计划实际上明确了高新技术成果的转化要通过创办企业来实现，开始鼓励高新技术领域内的创业行为。在"火炬计划"的推动下，同年，北京中关村科技园区作为我国第一个高新技术产业开发区成立，各地也纷纷结合自身的特点与条件创办了高新技术产业开发区。

1991年3月，国务院发出《关于批准国家高新技术产业开发区和有关政策规定的通知》，指出在各地已建立的高新技术产业开发区中，再选定一批开发区作为国家高新技术产业开发区，通知还特别提到有关部门可在高新技术产业开发区建立风险投资基金，用于风险较大的高新技术产品开发，条件比较成熟的高新技术产业开发区，可创办风险投资公司。

第二阶段：1992年10月到1997年8月。

1992年10月，党的十四大报告提出："在所有制结构上，以公有制包括全民所有制和集体所有制经济为主体，个体经济、私营经济、外资经济为补充，多种经济成分长期共同发展。"1993年11月，党的十四届三中全会提出："在积极促进国有经济和集体经济发展的同时，鼓励个体、私营、外资经济发展，并依法加强管理。"1995年9月，党的十四届五中全会提出："允许和鼓励个体、私营、外资等非公有制经济的发展，并正确引导、加强监督、依法管理，使它们成为社会主义经济的必要补充。"一系列党的报告，正式确立了包括个体、私营在内的非公有制经济以社会主义经济的必要补充身份取得合法地位。

合法地位确立，相关法律陆续出台。作为影响公司制企业较为重要的一部法律——《中华人民共和国公司法》，在1993年12月八届全国人大常委会第五次会议获得通过。但是，《公司法》对于新公司的创办仍旧设置了一定的门槛，无形中提高了创业者创立新公司的成本，使创业活动面临着一定的进入壁垒。1997年2月，《中华人民共和国合伙企业法》获得通过，该法对合伙企业的设立程序、合伙企业的运营、合伙企业的解散和清算进行了规范，有助于合伙企业的创办。但是，该法明确将有限合伙这种合伙形式排除在外，这对于创业投资业的发展是极为不利的。

第三阶段：1997年9月至2008年1月。

非公有制经济的地位在这一阶段得到提高，从作为社会主义市场经济的必要补充变成了重要组成部分。党的十五大报告指出："非公有制经济是我国社会主义市场经济的重要组成部分。对个体、私营等非公有制经济要继续鼓励、引导，使之健康发展。"党的十六大报告则提出必须坚持"两个毫不动摇"，即"必须毫不动摇地巩固和发展公有制经济，必须毫不动摇地鼓励、支持和引导非公有制经济发展，坚持公有制为主体，促进非公有制经济发展，统一于社会主义现代化建设的进程中，不能把这两者对立起来"。1999年3月,九届全国人民代表大会二次会议通过了《中华人民共和国宪法修正案草案》,第十一条增加"在法律规定范围内的个体经济、私营经济等非公有制经济,是社会主义市场经济的重要组成部分"的内容,相应删去个体经济、私营经济"是社会主义公有制经济的补充"的提法。得益于非公有制经济作为我国社会主义市场经济的重要组成部分地位的确立,关于创业的公共政策也进一步展开。1999年8月,《中华人民共和国个人独资企业法》获得通过,该法从法律角度确认了个人投资创办企业的行为。2002年6月通过的《中华人民共和国中小企业促进法》是我国第一部专门针对中小企业的法律,提出要为中小企业的创立和发展创造有利环境,这部法律多处涉及创业活动,并专门有一章内容是关于创业扶持的。

2002年11月党的十六大召开,党和政府相继提出了一系列鼓励人们创业、全面建设小康社会的重大原则和举措,推动了全国性创业高潮向纵深、向着更为广阔的领域发展。十六大报告指出:必须最广泛、最充分地调动一切积极因素,不断增添新力量;必须尊重劳动、尊重知识、尊重人才、尊重创造,并将其作为党和国家的一项重大方针在全社会认真贯彻;必须形成与社会主义初级阶段基本经济制度相适应的思想观念和创业机制,营造鼓励人们干事业、支持人们干成事业的社会氛围;必须放手让一切劳动、知识、技术、管理和资本的活力竞相迸发,让一切创造社会财富的源泉充分涌流,在造福于人民的创业方针的鼓励下,人们再一次爆发了创业冲动和创业热情,我国成为世界上创业活动最活跃的地区之一。这一阶段高科技领域成为创业的热点,大批海外留学人员归国创业成为引人注目的特色。国内成为海内外投资兴业的热土和各类人才施展才华的广阔天地,新世纪以互联网为主导的新经济催生了一批财富英雄,创业在更大范围、更广阔空间展开,中国进入全面创业的伟大时代。创业者们凭借卓越的聪明才智和对资本市场机会的把握走在新经济的前列,涌现了一批诸如陈天桥、李彦宏、施正荣等为代表的阳光富豪。这批富豪的崛起，转变了社会对富豪的认识和看法，他们很少利用权力资源，相反，他们与权力保持了一定的距离，他们靠个人和市场的力量催生和带动了一个新的产业，为社会和人们提供了更多的就业选择和足够的虚拟空间。高新技术和互联网对中国的意义，不仅仅是少数人借以发财致富，而且是通过高科技和互联网经济实现真正的产业革命，使整个国家更具有创新活力和创业动力。

2005年10月27日第十届全国人民代表大会常务委员会第十八次会议表决通过了修订后的新公司法，并于2006年1月1日起正式施行。按照新公司法规定，设立有限责任公司取消了按照公司经营范围和行业性质区分最低注册资本额的规定，将有限责任公司的最低注册资本额一律降为3万元，其中货币出资额不得低于公司注册资本的30%，并允许按照规定的比例在两年内分期缴清出资；同时，还对一人有限责任公司做出特别规定。修订后的新公司法为公司的设立和运营提供了制度便利，大大降低了创业门槛，有力推进了创业热潮。2007年10月25日，在中国共产党第十七次全国代表大会上，《高举中国特色社会主义伟大旗帜，为夺取全面建设小康社会新胜利而奋斗》的报告中首次强调指出："实施扩大就业的发展战略，促进以创业带动就业。"创业已经被党中央列入事关国计民生的重大发展战略，标志着党中央在国民经济发展战略上新的突破和理论创新。

第四阶段，2008年1月至今。

2008年下半年，迅速蔓延的国际金融危机导致我国经济增速趋缓，出口下滑，对就业造成了很大影响。金融危机对就业的影响主要体现在以下方面：一是在一定的就业弹性下，经济增长率的下滑必然导致就业增长率的下降；二是传统劳动密集型制造行业在出口受阻的情况下必然遭遇困难，相当数量的中小企业接不到订单，经营困难，不少农民工被迫返乡，对就业形成巨大挑战；三是在危机中受冲击较大的行业部门，如房地产、金融证券、进出口行业是整个金融危机中被卷入最深的领域,相当多的企业也放缓了招聘计划,大学生等新增就业人口的就业形势更加严峻。在这样的形势下,政府出台了一系列保增长、促就业的政策措施,特别是在鼓励创业带动就业方面,扶持的力度前所未有。

2008年7月,国家人力资源和社会保障部等11部门起草了《关于促进创业带动就业的若干意见》,其中对创业公司提供的政策支持空前强大,并酝酿在20个城市试点。2008年12月2日,首届全球创业型经济论坛在北京举行,我国学者开始提出发展创业型经济。他们认为,发展创业型经济是中国转变经济发展方式的必由之路,是提高自主创新能力、建设创新型国家的必要前提,是实现经济结构调整和优化升级的根本途径,是扩大就业,实现区域经济均衡发展的重要保障。2009年3月,我国启动创业型城市建设,包括深圳、南宁、太原等82个城市被国家人力资源和社会保障部列为首批创建国家级创业型城市,创业型城市在2009年至2010年其主要任务是率先建立组织领导体系、完善政策支持体系,健全创业培训体系,构建创业服务体系和健全工作考核体系。通过放宽市场准入、简化办证手续、建立创业专项。

根据清华大学2010年发布的《全球创业观察中国报告》,中国近年来创业活动十分活跃,作为亚洲发展中国家,目前已经超过日本、新加坡、印度、泰国而位居前列。2006年,中国TEA(早期创业活动)指数排在全球第六位,其中中国青年是最活跃的创业力量,而女性创业已成为一个非常明显的结构性特征。

2014年9月,李克强在夏季达沃斯论坛上提出,要在960万平方公里土地上掀起"大众创业""草根创业"的新浪潮,形成"万众创新""人人创新"的新势态。此后,他在首届世界互联网大会、国务院常务会议和2015年《政府工作报告》等场合中频频阐释这一关键词。每到一地考察,他几乎都要与当地年轻的"创客"会面,希望通过这种方式激发民族的创业精神和创新基因。

2015年8月15日，国务院办公厅关于同意建立推进大众创业万众创新部际联席会议制度的函（国办函〔2015〕90号）：国务院同意建立由发展改革委牵头的推进大众创业、万众创新部际联席会议制度。

大众创业、万众创新要求：

第一，推进简政放权，进一步取消和下放与促进创业密切相关的审批事项，降低市场准入门槛，简化行政审批手续，推进投资创业便利化，营造有利于创业的良好环境；加强事中事后监管，依法惩治违法行为，保护知识产权，建立诚信经营、公平竞争的市场环境，激发公司动力，鼓励创新创造；推进投融资体制、税收、流通体制等领域的改革，进一步打开服务业等新兴产业发展的闸门，对扩大就业起到"推进器""容纳器"的作用。

第二，加大创业资金支持，充分发挥中小公司专项资金、各类创业投资引导基金的作用，整合发展高校毕业生就业创业基金，完善市场化运行长效机制，形成多元化、多渠道的创业资金支持体系。

第三，健全有利于创业的政策制度，落实和完善鼓励劳动者自主创业的税费减免、小额担保贷款、资金补贴、场地安排等扶持政策，形成政府激励创业、社会支持创业、劳动者勇于创业的新机制。

第四，搞好创业培训和服务，推动高校普及创业教育，支持各类培训机构开展创业培训，运用社会各类资源建设创业孵化基地，健全创业服务体系，加强跟踪扶持，使更多的劳动者敢创业、能创业、创成业。

第五，实施"大学生创业引领计划"，为大学生创业提供有针对性的政策支持和创业服务，努力扩大创业规模，提高创业比例。

第六，开展创建创业型城市活动，健全组织领导、政策支持、创业培训、创业服务、考核评价体系，不断优化创业环境。加大创业宣传，弘扬创业精神，营造宽容失败、敢于开拓的氛围，形成全社会竞相支持创新创业的生动局面。

据不完全统计，2015年全国新注册公司在2014年大幅增长的基础上又新增加了1200多万户，其中首次参与投资创业的自然人多达291万人。中华大地涌动的"创客风潮"正在引领着大众创业万众创新时代的到来。奔涌的"创客风潮"不仅激发了无数人的激情梦想，也预示着我们将迎来一个大众创业万众创新的崭新时代。2016年春节过后的首个工作日，国务院常务会议就研究出台了一批减税降费措施，为全国小微公司和创业者送出价值不菲的"大红包"。此前不久，中央还筹集了400亿元的新兴产业创投引导基金，并鼓励更大规模的社会、民间资本参与进来，共同培育支持蹒跚起步的创新型公司，这些都释放出打造更好创业环境的强烈信号。为迅速兴起大众创业万众创新热潮，各级政府积极落实各项扶持优惠政策，并进一步从战略上研究和采取一揽子措施，政府激励创业、社会支持创业、劳动者勇于创业的新机制和新氛围正在逐步形成。

第三节 大学生创业的必要性

随着高等教育从"精英教育"向"大众教育"迈进，高校毕业生就业形势日益严峻，大学毕业生数量将远远超过空缺岗位的数量。有专家指出，近些年城镇每年需要就业的人数将保持在2400万人以上，而在现有经济结构下，每年大概只能提供1100万个就业岗位，年度就业岗位缺口在1300万左右。因此，在很长时期内，大学生将面临更为严峻的就业形势。大学毕业生创业具有现实意义。

（一）有利于缓解大学生就业压力

大学的创业有利于解决大学生就业难的问题。创业能力是一个人在创业实践活动中的自我生存、自我发展的能力。一个创业能力很强的大学毕业生不但不会成为社会的就业压力，相反还能通过自主创业活动来增加就业岗位，以缓解社会的就业压力。为此，国家各级党政部门，纷纷把"鼓励和支持高校毕业生自主创业"作为化解当前社会就业难的主要政策之一。

（二）有利于大学生自我价值实现

大学毕业生通过自主创业，可以把自己的兴趣与职业紧密结合，做自己最感兴趣、最愿意做和自己认为最值得做的事情。在五彩缤纷的社会舞台中大显身手，最大限度地发挥自己的才能，并获得合理的报酬。当前社会鼓励大学生创业，虽然是从化解就业难的角度出发的，但从大学生自身来说，其创业的主要原动力则在于谋求自我价值的实现。而只有提高大学生创业的比例，整个社会才能形成创业的风气，才能建立"价值回报"的社会新秩序。

（三）有利于大学生自身素质的提高

我国高校扩招以后，伴随着就业压力，大学生素质与我国高等教育的水平一直为人所诟病。在提高大学教育管理水平与大学生素质的各类探索实践中，大学生创业无疑是最经济、最有效的办法之一。通过创业与创业实践，大学生可以充分调动自己的主观能动性，改变自身就业心态，自主学习，独立思考，并学会自我调节与控制。也只有这样，大学生创业才能成功。

（四）有利于培养大学生的创新精神

创新是一个民族的灵魂，是一个国家兴旺发达的不竭动力。青年大学生作为中国最具活力的群体，如果失去了创造的冲动和欲望，那么中华民族最终将失去发展的不竭动力。大学生的创业活动，有利于培养勇于开拓创新的精神，把就业压力转化为创业动力，培养出越来越多的各行各业的创业者。美国前总统里根曾说，一个国家最珍贵的精神遗产就是创新，这是国家强大与繁荣的根源。中国的未来在于大学生，中华民族的精神永恒则在于大学生旺盛的创造力与创新追求。

第二章
创新教育

第一节 基本概念

世界上最早提出创业教育概念的是英国学者柯林·博尔，他在1989年向经济合作和发展组织教育研究与革新中心提交的一份报告中提出，未来的人都应该掌握三本"教育护照"：第一本是学术性的；第二本是职业性的；第三本是关于事业心和开拓技能的。第三本教育护照被写进了1989年11月由联合国教科文组织在北京召开的"面向21世纪教育国际研讨会"的报告中，并把事业心和开拓技能的教育称为"创业教育"。也就是说，面向21世纪的人才除需具备文化知识证书、职业技能证书外，还需要获得"第三本学习证书"，即创业教育证书。并且进一步指出"这要求把事业心和开拓技能的教育提高到目前学术性和职业性教育所享有的同等地位"。由此，学术能力、职业技术能力和创业能力，这三种能力成为一个有机的整体，并得到普遍重视。

我国开展创业教育工作比较晚，从1996年起，创业教育工作逐步展开。我国高等教育对创业教育理念的正式回应，始见于1998年12月24日公布的《面向21世纪教育振兴行动计划》，计划提出：要加强对教师和大学生的创业教育，鼓励他们自主创办高新技术公司和企业。2010年4～5月份,教育部先后成立"2010~2015年高等学校创业教育指导委员会",召开推进高等院校创新创业教育和大学生自主创业工作视频会议,并下发《关于大力推进高等院校创新创业教育和大学生自主创业工作的意见》,这一连串的举措标志着我国高等院校创新创业教育进入了新的发展阶段。创业教育作为素质教育的一个重要方面,已经在大中专院校全面开展。同时,创业教育作为促进大中专毕业生更新与转变就业观念的一门综合性课程,也正在发挥着积极的作用。

一、创业教育的含义

创业教育,即英文"Enterprise Education"的中文表述,它表述两层含义:一是进行从事事业、企业、商业等规划、活动、过程的教育;二是进行事业心、进取心、探索精神、开拓精神、冒险精神等心理品质的教育。

美国著名的创业教育研究机构考夫曼基金会对创业教育给出了一个操作性较强的定义:创业教育是这样一种过程,它向被教育者传授一种概念与技能,以识别那些被人忽视了的机会,以及当别人犹豫不决时他们有足够的洞察力与自信心付诸行动。教育内容包括在风险面前的机会识别与在资源整合的前提下创办一个公司,当然也包括对公司管理过程的介绍。例如商业计划、资金筹措、市场营销、现金流分析等。

美国"创业教育之父"蒂蒙斯教授认为,学校的创业教育应该不同于社会上的以解决生存问题为目的的就业培训,更不是一种"企业家速成教育"。真正意义上的创业教育,应当着眼于为未来的几代人设定"创业遗传代码",以造就最具有革命性的创业一代作为其基本价值取向。全美创业领导信息中心认为,创业教育是指提供给人们概念和技能,使人们能够辨别他人忽略的机会,具备洞察力、自我评估能力和知识技能,在他人犹豫不决时果断地行动的过程。它包括机会辨别、冒险精神以及进行商业冒险等方面的教育。

从广义来说，创业教育就是培养大学生的创业基本素质和开创性个性的教育。就高等学校的创业教育而言，是指以开发和提高大学生的创业基本素质为目标，培养具有开创性个性人才的教育思想和教育实践。通过创业教育，培养大学生从事创业实践活动所必须具备的知识、能力和心理素质等，为未来社会的经济发展发挥个体与群体的主动性和创造性。

联合国教科文组织的定义：创业教育，从广义上来说是指培养具有开创性的个人，它对于上班族也同样重要，因为用人机构或个人除了要求受雇者在事业上有所成就外，正越来越重视受雇者的首创和冒险精神、创业能力、独立工作能力，以及技术、社交和管理技能。正因为如此，广义的创业教育在于为大学生灵活、持续、终身的学习打下基础。

从狭义来说，就是通过开设创业学课程，给大学生传授从事创业实践活动所必须具备的知识、技术、能力等，掌握创业的本领和技巧，使培养出来的毕业生能够创造性地就业和创造新的就业岗位。狭义的创业教育是与增收培训的概念紧密结合在一起的。东京报告指出："增收培训是为目标人口，特别是为那些贫困和处于不利地位的人口提供急需的技能、技巧和资源，使他们能够自食其力。"

创业教育的教育对象包括在校学生和高校的所有青少年，既可以在学校教育系统进行，也可以在非学校教育系统进行，针对目标是高校青少年，提高他们的增收和创利能力，使离校的青少年成为自食其力、自谋职业、创业致富的社会成员。教育内容从整体上提高和开发青少年创业的基本素质、全面提高受教育者的创业意识、个性心理品质、创业能力、创业知识结构，根据青少年离校的现状，为其提供急需的技巧、技能和资源教育功能，具有较为广泛的社会功能和作用，其功能指向一切社会实践活动领域主要是解决弱势地区、弱势人口中的社会现实问题。

二、与传统教育的差异

和传统教育相比较，创业教育在教育观念、教育本质、教育目标、教育使命方面存在很大差异。

(一) 教育观念

倡导学生创业，传统的知识观、学业观、教学观必须彻底改变。什么是知识？什么是学业？要让家长、社会、特别是教师都认识到，书本知识是知识，实践中获得的经验、教训是最重要的知识；上课读书是学业，实践训练也是重要的学业；获得奖学金的是好学生，被公司认可、重用的也是好学生；考试成绩好的是好学生，创业好的也是好学生。只要去参加创业，不论失败，这些学生都应该得到认可。

创业教育主要培养学生的"三观"：一是积极的人生观，引导学生以积极的态度对待环境变化，在变化中不断地发现机会，寻求发展。二是主动学习观，即"会学习与会做事"的高度统一，知识、技能和感情教育的整合，创业教育强调培养学生的自我意识、参与意识和实干精神，使学生不仅成为认识主体，更是实践主体和创造主体。三是创造价值观，创业教育引导学生在主体力量得到充分发挥中，使知识在创业中发挥创造性的能量，提高学生发现问题、分析问题和解决问题的能力。

(二) 教育本质

传统教育的本质是重视人的智力开发，智育第一，重智轻德。现代教育的本质是德育，育人为本，德育为先。德育一输，全盘皆输。作为现代教育，创业教育重视培养学生学会做人。教育最重要的使命是陶冶人性，铸造饱满健康的人格。教育最根本的任务是让学生正确回答：人生应当怎样度过，人类应当怎样存在。也就是说，让学生学会做人。学会做人，是立身之本，学习知识、掌握知识，只是服务社会的手段。现在职场上的人不缺文凭，不缺分数，更不缺四六级英语证书，但缺的是面对困难的勇气、克服挫折的心理和与人沟通的能力等。这些都是非智力因素，都是我们忽略的，更是学生自己未意识到的，但这些都是学生就业创业、成长成才的至关重要的因素。创业教育能够弥补传统教育的不足，有利于培养学生的合作精神。

(三)教育目标

传统教育的目标是为社会培养合格人才，现代教育的目标是促进人的全面发展。前者是以社会为本，后者是以学生个体为本。创业教育重视培养学生的个性，突显人本价值。发展个性就是发展丰富性，发展多样性，发展创业性。教育要着眼于每一个人的全面发展，为了每一个学生的终身发展，激发学生的发展潜能，这是教育的本质价值。教育是引导不是左右，教育是影响不是支配，教育是感染不是教训，教育是解放不是控制。创业教育是让学生自主发展的教育，它能够发掘学生天赋，挖掘学生潜能，培养学生创造个性，赋予学生自信。创业教育尤其强调自信心，自信使人自强，自信能得到高峰体验，自信能把潜质发挥到极致，培养人就是培养自信，摧毁人就是摧毁自信。

(四)教育使命

传统教育的使命是传授前人知识。现代教育的使命是培养可持续发展能力。创业教育重视培养学生多方面的素质能力。在现代社会，"知识就是力量"的观点受到时代质疑，仅有知识，没有能力的人难以与时俱进，满腹经纶不会变通的人无法成就大事，现代教育既是给人以知识，更要给人以能力，要改变"教育就是传授知识，灌输知识越多越好"的传统观念。现代教育应当赋予学生三个层次的作用：第一层是知识；第二层是方法；第三层是视野，这是最高层次。其实视野也是方法，是高层次思维方法。21世纪初，美国一批现代心理学家的研究结果表明，知识少、创新能力强，知识多、创新能力差都属于正常现象。知识不是越多越好。而是有效、有用的知识越多越好。书本知识、课堂知识本身并不是非常有效、有用的，只有内化为自身能力，才是有效、有用的。创业教育真正体现了现代教育的使命。

三、创业教育的内容

创业教育的开展是一项复杂的系统工程，创业教育的内容体系规定了创业教育的方向，是进行创业教育的依据，是实现创业教育目标的一个重要保证。创业教育的内容十分丰富，其基本要求是使受教育者具有在创业全过程即从发现机会到决策、规划、实施、评估和反馈等一系列生产经营活动所必须具备的知识、技术、能力和心理品质等素养，而且特别强调这些素养要能够转化为创业实践活动，特别强调心理品质要落实到实际操作行动中去，即必须达到外显化、行为化。因此，创业教育内容体系应着力于构建大学生的创业意识、创业精神、创业能力、创业知识和创业心理。

(一)培养创业意识

创业意识是指在创业实践活动中对创业者启动力作用的个性意识倾向，它包括创业的需要、动机、兴趣、理想、信念和世界观等要素。创业意识规定着态度和行为的方向和力度，具有较强的选择性和能动性，是创业素质的重要组成部分，也是人们从事创业活动的强大内驱动力。创业意识直接关系到的是创业能力的培养以及创业活动能否得到家庭的认同。开展创业教育，必须唤醒大学生内在的自我创业意识，激发其自我发展的动力，这是日后识别创业机遇、抓住创业机遇的前提。因此，培养大学生的创业意识、点燃他们的创业激情，就成为对我国大学生进行创业教育的首要任务。创业意识不是与生俱来，而是后天培养出来的。创业教育要针对不同大学生的特殊情况，采取相应的对策进行心理辅导。

(二)弘扬创业精神

创业精神是创业所需的积极探索、勇于创新、迎难而上、艰苦奋斗的精神。创业精神是指在创业者的主观世界中，具有开创性的思想、观念和品质等。哈佛大学商学院对其的定义是："创业精神就是一个人不以当前有限的资源为基础而追求商机的精神。"因此，创业精神可以简洁地概括为："没有资源创造资源，没有条件创造条件，用有限的资源去创造更大资源。"创业精神对创业实践具有重要的意义，它是促成新事业发展和形成的原动力，是大学生能否进行创业的精神支柱，是大学生敢不敢创业的关键，没有创业精神就没有创业行动。创业精神是创业成功的基本条件和内在动力，创业精神不仅是完美人格的构成要素，而且是塑造完美人格的重要条件，创业精神是一个人在社会主义现代化建设中建功立业、实现其人生价值和社会价值的重要保证。伟大的创业实践需要有伟大的创业精神来支持和鼓舞。

（三）培育创业能力

创业能力是指影响创业实践活动效率，能够促使创业实践活动顺利进行的主体心理条件；是以智力活动为核心的，具有较强综合性和创造性的心理机能；是与个性心理倾向、特征紧密结合在一起的，在个性的制约和影响下形成并发挥作用的心理过程；是知识、经验，技能经过类比，概括后形成的，并在创业实践活动中表现为复杂而协调的创新行为。创业能力是创业实践方式、效率和结果的最直接影响因素，是创业能不能成功的关键。

创业能力一般来说包括两个方面，一个是基本知识技能和人际交往沟通的能力，另一个是创新能力和自我发展能力。培育创业能力，是创业教育的关键所在，是成功创业者必备的一种综合能力。创业是一个实践的过程，创业能力不可能通过创业教育就完全掌握，仍需要大学生在创业的实践过程中去完善和发展。

（四）掌握创业知识

人类从诞生之日起，就开始对陌生的世界进行不懈的探索和认知，并不断地积累和总结实践经验，希冀着认识和掌握客观世界发展规律和事物的内在联系。这个过程为人类的发展储备了大量的知识。创业领域未知的知识远远多于已知的知识，对于组织进行创业教育如此，对于创业更是如此。创业教育对于改善大学生的知识结构，拓宽大学生的知识视野，增强大学生的创业技能是十分必要的。

创业不仅需要创业者具有良好的性格特征和灵活的商业头脑，更重要的是前期对于商业经营的相关知识，尤其是经济管理知识的积累，牢固的知识积累是创业成功的必备前提。大学生合理的知识结构对于创业成败，具有十分重要的影响。创业知识是由多方面构成的，主要包括：创业基础知识、创业专业知识、经营管理知识、政策法规知识、金融财会知识、公关交际学知识等内容。高等学校通过创业教育，一是引导大学生根据自身的个性特征和本专业的特点，针对自己日后准备从事的职业，有针对性地、有层次地进行指导和训练，打好专业知识基础；二是培养大学生的终身学习意识，指导大学生学好相关创业知识，拓宽知识面，开阔视野，将大学生培养成为具有发展潜力的创业型人才。

(五)健全创业心理

通过创业教育，可以使得大学生学会如何做人和处事，学会沟通和协调，并在以下几个方面健全大学生的创业心理：一是积极的处世态度、正确的行为方式、严谨的工作作风。学会诚实守信做人、勤奋工作。二是强烈的自信心。真正懂得创业的艰辛，培育出靠自己不懈努力争取成功的坚定信念和毅力。三是积极的竞争意识和合作精神。既敢于超越别人，又善于和他人沟通与合作。四是坚韧不拔的毅力。做事果断坚决，能持之以恒，遇到挫折和打击百折不挠，具有很强的适应性。五是能够承受内外环境压力，经受住挫折不会被压倒，在困境甚至危机面前镇定自若，善于控制自己的情绪，化解困难局面。

(六)开展创业实践

创业实践是指具有创业教育意义和价值的特定教育模式，是以社会实践为纽带的、以实践成果为主要价值判断标准的教育教学形式。

创业实践的主要类型有以下三种：一是生产活动，主要是培养大学生的专业、职业技能；二是经营管理活动，主要是培养大学生的经营管理能力；三是社会交往活动，主要是培养大学生的综合调控能力。

创业实践必须具有创业的性质，能为实现创业教育目标提供适当的条件、场合和情境。创业实践活动应能形成特定的模式和体系，以便纳入创业教育的整体框架，成为整个创业教育的有机组成部分。鼓励学生积极地投身于各种社会实践活动中去，以增强创业才干。真正的创业实践开始于创业意识萌发之时，间接的创业实践学习主要可借助学校举办的某些课程的角色性、情景性模拟参与来完成，直接的创业实践学习主要可通过课余、假期来完成。

第二节　组织与实施

随着社会信息化和市场经济的飞速发展，当代大学生的思想观念逐渐发生了变化，有很多大学生利用暑假以及课余时间外出打工，他们开始在创业方面有一些尝试，他们渴望拥有自己的公司。许多学校采取了相应措施，开展创业教育，支持创业活动。清华大学将写字楼以半价出租给学生创办公司；复旦大学专门拨出100万元，实施学生科技创新的行动计划，学校还与浦东张江高科技园区合作，专门为学生设立了1000万元的创业基金；华东师大开设了"创业教育课"；东华大学开设了"创业与风险投资"的选修课。特别是我国的一些高教科技园区，更是为大学生进行高新科技创业提供了便利。如北京的中关村、武汉的"光谷"，都为大学生的创业公司提供了技术入股、前期免税、低利贷款及简化公司注册程序等优惠措施。北航的"孵化器"已成功"孵化"数家公司，商界中也不乏大学生"白手起家"成为巨商的例子，百度中文搜索引擎的CEO李彦宏就是其中之一。

总的来说，我国高校创业教育仅仅是处于起步的初级阶段，新的形势要求高等教育大力推进创业教育，创业教育在高等教育中处于重要地位，高校创业教育亟待加强。创业教育的教学实践活动需要妥善解决以下问题：

第一，妥善解决知识传授与能力、素质培养的矛盾，不仅仅停留在强调知识的传授，更重视将知识内化为学生能力与素质的提高。

第二，妥善处理理论与实践的矛盾，不仅仅进行理论教学，更注重实践教学与理论的应用。

第三，妥善处理教与学的矛盾，教学活动的设计与组织强调以学为中心，调动学生学习的自主性、主动性与创造性的发挥。

（一）加强公司与商务基础的学习

全面推进基于创业教育的教与学，是构建高效教育教学体系的重要内容。积极探索实践性学习、研究性学习，培养和提高大学生的创新精神和动手能力，是创新创业教育和普通教育的根本区别。构建自主性教学平台，不仅体现在教学内容的更新上，而且也体现在教学方式、方法、手段和考核等教学模式上。

目前，高校创业教育的课堂主要包括四种形式：一是管理类选修课，二是就业指导课，三是KAB（Know About Business）等项目课程，四是创业教育基础课堂。其中高校创业教育最简单的方式就是对理工科学生开设一部分管理类选修课；高校就业指导课程的建设也在不断地发展，在国家对毕业生创业的政策指向的指引下，指导教材经历了从单纯地找工作，求职过程性的指导，发展为职业指导和生涯规划，创业成为毕业生生涯设计的一个内容，把指导毕业生创业和创业的应知应会，纳入了就业指导的课程中。大学生创业教育KAB项目为主要对象，通过教授有关公司和创业的基本知识，帮助大学生树立企业家精神。该项目一般以选修课形式在大学开展，学生通过选修该课程可以获得相应的学分。与就业指导课相比，管理类选修课的普及程度相对较低，还不是全校学生的必修课，KAB教育也是如此。值得重视的是，不少高校已经开始在就业指导课基础上，对全校学生尝试开设创业教育基础课的教学。

课堂教学模式的工作重点在于：

一是要关注怎么教与怎样学。学生除了在课堂上学习知识外，还应在课外学识和实践，通过研究活动、实践活动来培养获取知识和创造知识的能力。即把自主性学习和研究性学习相结合，推动创新人才的培养。创新教育要构建基于自主、研究和探索性学习的平台，首先要转变教育观念，率先改革教师中心、教材中心和课堂中心的传统教学观。一切有目的地促进学生知识增进、能力增进、素质提高的活动都是教学，这种有计划地实现学生学习经验和情感体验增强的活动，本身就是"课程"，或者称为教学环节。在此认识下，以第一课堂的理论学习为经，第二课堂的自主性、探索性学习为纬，把知识、能力、素质的培养，课内教学、课外实践编织起来，构成新的教育平台。

二是在课程设计中需要深化落实。创业课程设置要为大学生创业提供专业和技术上的支持。一方面，要改革课程设置，构建具有创业教育特色的课程结构。课程改革在一定程度上决定实现培养目标的程度，决定着高校的生存空间和发展价值。学校的课程设置旨在为高校大学生毕业后能找到其生存的空间，并能在职业的天地里实现自己的人生价值。为此，高校应紧紧围绕学生的创业、就业来进一步完善课程设置。同时，高校还应形成一套完善的创业教育课程体系，开设以创业学及公司管理、产品开发、市场营销、公司策划等基本知识为主体的选修课，使之与专业课程设置相配套；要把创业的社会常识、创业指导、创业心理和技能、市场经济、经营管理、公关和交往、法律和税收等与创业密切相关的课程增加进去，从而促成学生对创业基础理论的了解。另一方面，要改革教学方法，促成学生创新思维提高。创业人才在思维特点上表现出不为陈规旧俗束缚，能随机应变，充分发挥创造性，能够适应变化着的外部条件，能摆脱惯性，改变定势等。所以，在教学模式上，创业教育要求教学内容的选择不能固定不变，要有开放性和灵活性，让师生共同参与探索，从强调积累走向发现和创造。通过探索，使知识结构不断得到充实和完善。对学生来说，与创业有关的知识、技能必不可少，但更重要的是强烈的创业欲望以及自信心和进取精神，因而需要在教学过程中营造一种民主、平等的教学氛围，注意培养学生思维的灵活性、敏锐性、独创性。

总体来说，课堂教学模式的优点是可行性强、成本低、容易组织实施。缺点是师资力量要求较高，如果教师缺乏实践经验容易与实践脱节。

（二）开展竞赛中检验自己

课堂教学和课外实践活动相结合起来，这是锻炼和提高大学生创业能力、科研能力、协调能力的重要途径。创业教育的实践活动既要加强教学计划内的实践活动，如科研试验、专业实习等，还要加强教学计划外的实践活动，如专业技能竞赛、各种类型的文化指导服务等。不仅要在校园内进行，还要走向社会、服务社会，把课堂教学和课外实践活动有机融合起来，开展多种形式的创业实践活动。

目前，我国高校实施创业教育实践的主要形式是"挑战杯"和"创业计划大赛"。这些形式在学校有关部门的支持下，为在校学生提供了一个展示创业才能的舞台。

"挑战杯"中国大学生创业计划竞赛最早于1998年在清华大学举行。1999年，由共青团中央、中国科协、全国学联主办，清华大学承办的首届"挑战杯"中国大学生创业计划竞赛成功举行。2000年，第二届"挑战杯"中国大学生创业计划竞赛在上海交通大学的成功举办，则将大学生创业浪潮推向了新的高峰。第三届和第四届"挑战杯"中国大学生创业计划竞赛分别于2002年和2004年在浙江大学和厦门大学成功举办。

除了国家级比赛之外，浙江省高校每年定期在校内组织各类创业计划大赛。一般参赛者提出一个具有市场前景的技术、产品或服务，围绕这一技术、产品或服务，完成一份完整、具体、深入的创业计划，以描述公司的创业机会，阐述创立公司、把握这一机会的进程，说明所需要的资源，提示风险和预期回报，并提出行动建议。创立计划聚焦于特定的策略、目标、计划和行动，对于一个非技术背景的有兴趣的人士应清晰易读。

活动项目方式可帮助大学生对理论知识的掌握与应用，并且相互之间有竞争和交流，对大学生的学习主动性有很大推动作用，通过比赛发现自身知识的不足，为后续学习起到指引方向的作用。但是比赛终究还是没有真正市场化，很多实际问题不会真正发生，也无法提高。这是一种"结果"式的培养，它关注的只是结果的优劣，对形成成果的过程则无法给予更多的关注，而培养的过程往往是十分重要的。因此即使在创业计划大赛中获得了大奖，也不能完全说明创业教育开展的深度和广度，完善的创业教育实践活动应是对创业全过程所需要知识和实际操作能力进行培养。

（三）进行商业模拟

创业教育的本质就在于进行商业知识的系统的教育，其核心在于商业实践本身，使学生掌握实实在在的商业知识，并能在尝试创业之初对商业竞争、商业运营有系统和深刻的理解和认识。然而，在目前我国的创业教育中，要让每一位学生通过真实地创业活动来掌握商业经验，这无论对学生还是对社会来说，都是有可能付出很大代价的。

为了解决上述问题，高校开始引入一些全新的学习方法。通过模拟商业运营和商业竞争过程的方法让学生亲自动手实践，来辅助课程知识的学习与理解，已逐步发展为一种重要的学习工具和方法。

商业模拟（Business Simulation）在20世纪50年代起源于欧洲，并不断发展完善。其宗旨在于为客户提高管理水平，促进公司客户管理技术的规范化。商业模拟的应用层面包括实验室软件环境与商业模拟课程。

实验室软件环境是通过商业模拟技术来实现的，商业模拟技术综合运用了各种管理模拟技术，包括角色扮演、计算机模拟、博弈、训练模拟等，并已在经营决策、财务计划、预测管理、风险控制等领域得到广泛应用，成为一种重要的提升管理技能与实际操作能力的最佳培训方法。

商业模拟课程运用了先进的系统经济学理论及博弈理论，通过系统、标准的公司管理仿真模型，模拟真实商业环境，使学生最大限度模拟公司运作状态，在"实践"中学习管理，不冒风险，积累经验，轻松学习，自然改变。商业模拟课程是运用商业模拟技术来实现的教学课程或教学实践工具。与传统授课式或案例式学习方法比较，商业模拟课程有效解决了传统培训枯燥的说教模式和空洞的讨论内容，使学生在讲师的指导下，通过亲自参与和实战演练，大大提升了培训效果，加深和巩固了学生对所学知识的理解与掌握。

商业模拟课程不同于一般的培训或实践，它没有一成不变的问题和标准答案，其核心的是一套完善的模拟系统和全面、专业的管理学知识体系。由若干名学生组成模拟公司或团队，为完成经营目标，借助现代管理学的知识和技术，做出各种运营决策，并及时得到其决策影响公司目标实现的反馈信息。循环反复论证各种运营的手段和方法，帮助学生从思维上改变，轻松掌握学习要点，实现改变。

学生通过在模拟商业环境中对虚拟公司的运营管理，亲自参与公司运营管理的团队分工、战略规划、市场研究、生产计划、研发投入、销售管理、市场拓展、报表分析等决策，掌握在真实公司运营中会遇到的各种决策情况，并对出现的问题和运营结果进行有效分析与评估，从而对公司管理中的各种知识技能有更深切的体会与感受，并达到提升综合管理技能与分析解决问题的能力。

随着商业模拟技术的发展完善，商业模拟已被越来越多的高校学习与公司培训所运用。特别是在高校中，由于学生本身没有公司实际运营和商业竞争的经验，对行之有效的学习实践工具的需求更加迫切。

商业模拟方式的优点是比较系统全面地运用理论知识和响应现实商业要求，也让学生有了动手实践的机会，在理论学习的基础上，使用实验室模拟来体验商业社会中的各类职业角色是很生动的，但它依然不是真实的环境，实验中的角色也不是社会真实人物，只是虚拟的，许多技术参数与环节还是比较理想化的，往往趣味性会多于真实性。

(四) 开设创业教育学院

创业教育作为一个系统工程，需要整合一切资源，必须动员多方力量共同为之努力，在部分高校中专门设立创业教育学院已经成为一种创新模式。

创业教育学院作为组织实施创业教育的"平台"，由学校创业教育领导小组领导，负责全校创业教育的具体组织与实施，一般包括专业教学、认证培训、公司管理、模拟训练、创业孵化、基金管理、宣传教育等多个专项服务内容。

创业教育学院需要坚持在完善素质教育体系中推进创业教育的指导思想，以个性化教育为指向，以多元化质量观为基础，以"制定规则、制造空间，整合资源"为工作方针，以学分制的形式，以教育教学改革为基础，从基础层面（专业教学）和操作层面（创业实践）两方面入手，从广义的创业教育着眼，优化学生学习资源，深化学生创新能力培养，引导、鼓励和支持学生创业实践，培养学生的创业意识、创业精神和创业能力，与学生就业工作接轨，推动学生灵活就业和自主创业。

创业教育学院模式从理论教学来讲已经相当全面，教学形式也是丰富多样，对学生的学习主动性和乐趣都有很大的促进作用，它结合了前面几种教育模式的优点，但还缺少市场化和实战环节。

（五）搭建孵化平台

全国高校在条件允许的情况下正积极建设大学生创业培训和孵化基地，为大学生创业搭建孵化平台。已有科技创业园区（中心或基地）的高校充分利用现有条件，发挥已有资源作用，使其成为大学生创业孵化基地，没有建立相关设施的高校，也在加快创业孵化基地建设，尽快为大学生自主创业搭建孵化平台。不少高校还积极争取所在地区的中小企业服务中心和各行业协会的支持，为高校毕业生自主创业创造条件。高校通过选拔、推荐具有较强创业愿望和浓厚创业兴趣的大学生进入校级创业培训和孵化基地。为他们提供创业政策解读、创业技能培训、创业项目研究、模拟和真实的创业实践等服务，使大学生尽快掌握创业技能，做好创业准备，成为创业带头人。

大学生创业孵化基地建成后，每年将从大学生创业基地中选拔数名大学生创业带头人进入社会创业孵化基地进行孵化，为其提供政策扶持、项目论证、一站式综合服务，并聘请专家对其创业全过程进行针对性指导等。同时，创业孵化基地为其提供公司发展和办公的条件，提供工作、生活的公益性服务，努力使进入基地的大学生创业公司成功发展，并成为全国大学生创业的典型。

创业园形式是非常具有挑战性的，所有的理论学习都要经得起实践的考验，对学生来说，入驻创业园创业本身就是一大突破，在创业期内不但体验了创业的艰辛，也对知识的掌握有了更明确的方向。但创业园还不完全是在社会上创业，作为公司要考虑人力资源、经营成本、战略决策等诸多问题，学生创业办的公司规模普遍较小，技术含量低，相对社会公司竞争性还远远不够，对社会需求的了解和体验还是有限的。

（六）投身社会实践

如果说前面五种模式都比较具有学习性，那么第六种模式更具有挑战性，几乎完全脱离了学校这个"保护伞"，就像平时人们都在游泳池里尽情戏水，而这次就是"下海"遨游了，无论如何也要踩下去试个深浅。

到社会中去实践是创业教育的一大突破，比如在香港多个机构联合创立了"学校创意营运体验计划"，选出15队来自不同学校的学生，让他们接受有关创业及营业技巧培训后，在7~8月中旬期间，连续4~6个周末在维多利亚公园摆放摊位，售卖自制产品及年轻人用品，体验创业的滋味。该计划还安排了来自商界和其他界别的导师，在过程中为学生提供意见，加深学生对工作实践的了解和认识，并提高营运技能。通过这样的实习创业机会，可以让学生体验创业的苦与乐，可以使更多的学生脱颖而出，加入创业者的行列。

很多学生在真正直接面对市场之后感触颇深，说学校虽有很多实践教育基地，但那些模拟场所多少有些程式化，缺少压力，置身市场真正操练就不同了，压力会变成动力，其中的收获是课堂上难以比拟的。在市场上为了生存，同样需要理论的支持，这会促使他们回到学校课堂里更努力地学习。参加社会实践后的学生，学习态度上发生了很大的改变，以前是要他们学，现在是他们自己要求学。

市场参与模式是真正的与社会接轨，但由于市场环境的复杂性和多变性，学校对学生的辅导难度明显大增，对学生的自学能力和开创性有很大的要求，某种程度上有一定的风险性。

第三节　创业教育的意义

具体而言，创业教育的意义主要体现在以下几个方面：

第一，是知识社会培养大学生创新意识和创新能力的需要。创新意识和创新能力是人的综合能力的外在表现，它是以深厚的文化底蕴、高度综合化的知识、个性化的思想和崇高的精神境界为基础的。实施创业教育，通过创业人才培养，促进高新技术产业化，不仅带动国民经济迅速增长，还能通过辐射产业经济链，拉动传统产业，对综合国力的提高起着关键性作用。一个没有创新能力的民族，难以屹立于世界先进民族之林。从某种意义上讲，创新已经成为当今这个时代的标志和潮流。

当今世界是以知识经济占主导地位的世纪，智力资本已成为公司最重要的资源，谁掌握了知识，谁就掌握了最有价值的资本。而大学毕业生在高等学校的培养下，可以说已掌握了一定的专业知识技能，具备了从事某一职业的基本能力，是社会上素质最高的一个群体，可谓最重要的人力资源。很显然，高等学校若能加强大学生创新意识和创新能力的培养，毕业生就能在就业过程中更快更准地找到自己心仪的职业，就能更加理性地采用一种独立的、更加成熟的自我就业方式，即通过创业来成就自己的事业，实现自己的人生价值和社会价值。因此，对在校学生进行创业教育是顺应知识经济时代发展的必然选择，是适应知识社会的需要。

第二，是适应高等教育大众化的需要。随着高等教育大众化步伐的不断加快，培养大学生不仅仅是为了解决紧缺型人才。而是为了提高整体国民素质，培养适应社会发展的应用型人才。高等学校不断的扩招以及高等教育毛入学率逐年上升，高等教育已经从精英教育转向大众化教育，大学毕业生就业也由原来的统一分配变为"双向选择、自主择业"。2012年普通高等学校毕业生680万人，2013年该规模达到699万人，比2012年增加19万人，2014年普通高等学校毕业生727万人，比2013年增加28万人。

面对竞争激烈的就业市场，要让大学生适应新的就业形势，一方面要求高等学校教师树立现代教育观念，转变教育思想，不断提高人才培养的质量和社会适应性；另一方面，要求高校教师积极探索创业教育的新型教学方法和途径，培养大学生的创业意识和竞争意识，以提高大学生的生存能力。通过对大学生进行创业教育，使他们了解创业教育的深刻意义，认识到自主创业是社会进步的需要，是自我生存的需要，也是大学生实现自我价值的需要，从而真正理解创业是更高层面上的就业。

第三，是推进人才培养模式改革的需要。高等学校的连续扩招导致毕业生就业压力不断加大，高等学校送出的毕业生在社会上就业如何，创业能力如何，直接影响着学校生存与发展的声誉。面对这种严峻挑战，作为高等学校，需转变教育思想，改革人才培养模式，树立以人为本、全面发展的理念和现代教育思想，在教学方法、课程设置及考试制度等方面进行探索、创新，主动为大学生自主创业提供良好的服务，教育大学生树立一种与现代市场经济相适应的积极就业观，艰苦奋斗，有胆识，有眼光，有组织能力，有社会责任感。通过开展大学生创业教育，发展和提高大学生的基本素质，培养和提高大学生的生存能力、竞争能力和创业能力。

第四，是大学生个体发展的需要。就创业教育而言，国家有关部委早有明确的文件，2002年，教育部、劳动与社会保障部等部委以及许多地方政府相继出台了有关政策，鼓励和帮助大学生自主创业、灵活就业。2010年教育部在"国家教育'十二五'规划纲要"中提出要加强高等学校大学生的创业教育，说明创业教育的重要性。通过创业教育，使他们善于观察，勤于思考，同时具有远见卓识和丰富的想象力，并获得一定的理论知识，积累经验，夯实技能和业务基础，从而使创业的智力因素得到锻炼；使他们创业的非智力因素如理想、信念、意志、毅力等得到培养；使他们对就业可以有一个初步的认识，不仅解决自己的就业问题，还要能为社会创造更多的就业岗位。这样，可以使大学生具备一定的生存能力，真正成为能够提高综合国力的充满活力的社会个体和群体，在毕业后走向社会能担负起创业的重任，进而实现自我价值和社会价值。

第三章

创业能力的积蓄

第一节　创业意识

　　1755年，法国经济学家坎蒂隆第一次将创业者引入经济学。1880年，法国经济学家萨伊首次给出了创业者的定义，他将创业者描述为将劳动、资本、土地这三项生产要素结合起来进行生产的第四项要素，是把经济资源从生产率较低、产量较少的领域转移到生产率较高、产量较大的领域的人。管理大师彼得·德鲁克给创业者所下的定义是：创业者就是赋予资源以生产财富的人，创业者善于创造或发现机会，然后抓住机会，并创办起有高度发展潜力的公司，其思想和行为与众不同。在公司，创业者通常被定义为组织、管理一个生意或公司并承担其风险的人，有两个基本含义：一是指企业家，即在现有公司中负责经营和决策的领导人；二是指创始人，通常理解为即将创办公司或者是刚刚创办公司的领导人。还有些学者将创业者界定为，一种主导劳动方式的领导人，是一种需要具有使命、荣誉、责任能力的人，是一种组织、运用服务、技术、器物作业的人，是一种具有思考、推理、判断能力的人，也是一种能使人追随并在追随的过程中获得利益的人。

　　创业意识是指在创业过程中，对创业者起推动作用的个性心理倾向。

创业意识包括创业的需要、动机、兴趣、理想，信念等心理成分，支配着创业活动中创业者的态度和行为，是创业的动力因素。

一、创业意识的内涵

创业需要是创业活动的最初诱因和最初动力。只有当创业需要上升为创业动机时，才能形成心理动力。创业动机对创业行为产生促进，推动作用，有了创业动机，标志着创业实践活动即将开始。创业兴趣能激发创业者的深厚感情和坚强意志，使创业意识得到进一步升华。一般在创业活动中取得了一定成效时，便会引起兴趣的进一步提高。

大学生创业意识则是大学生根据社会和自身发展的需要所引发的创业动机、创业意向或创业愿望。创业意识是人们从事创业活动的出发点与内驱力，是创业思维和创业行为的前提。

大学生创业意识的形成，不是一时的冲动或凭空想象出来的。从心理学的角度分析，这种创业意识源于对现实条件和就业状况的客观分析，是由于对成功的渴望和对现状的不满足而激发出来的强烈事业心和使命感，并由此产生的更高的人生价值追求。

因此，对于每一个希望创业的人，都必须首先强化创业意识。华东师范大学在一项关于大学生创业意识的调研中，研究者对华东师范大学、华东理工大学、上海师范大学、华东政法大学、上海财经大学、上海交通大学等高校的540名全日制本科生进行了问卷调查。统计结果显示，当代大学生的创业意识表现为激情与理性并存：77.6%的大学生表示考虑创业；35.9%的学生认为资金是大学生创业的最大困难；28.9%的学生认为最大的困难是"社会关系不够宽广、不利于开展工作"；19.1%的学生认为最难的是兼顾学业，时间、精力有限。多数大学生缺乏创业方面的经验，他们在大学期间除从事家教外，只有一些简单的兼职经历，如发广告传单、产品推销与发放调查问卷等。在创业方式的选择上，8.4%的学生选择独立创办自己的工作室，71.7%的学生选择与志同道合的朋友成立小公司。

二、创业意识的内容

通常情况下，创业意识包含商机意识、转化意识、战略意识、风险意识和敬业意识。

商机意识：真正的创业者，会在他创业前、创业中和创业后，始终面临着识别商机、发展市场的考验。他必须有足够的市场敏锐度，可以宏观地审视经济环境，洞察未来市场形势的走向，以便做出正确的决策来保证公司的持续发展。

转化意识：仅有商机意识是不够的，还要在机会来临时抓住它，也就是把握机会，把商机转换成实实在在的收入和公司的持续运作，最终实现自己的创业梦想。转换意识就是把商机、机会等转化为生产力，把你的才能、你在学校学到的知识转化为智力资本、人际关系资本和营销资本。

战略意识：创业初期给自己制定一个合理的创业计划，解决如何进入市场、如何卖出产品等基本问题。创业中期需要制定整合市场、产品、人力方面的创业策略，转换创业初期战略。需要指出的是，创业战略不只一种，也没有绝对的好坏之分，关键要适合自己的创业之路。在这条路上应该时刻保持着战略的高度，不以朝夕得失论成败。

风险意识：创业者要认真分析自己在创业过程中可能会遇到哪些风险，一旦这些风险出现，要懂得应该如何应对和化解。大学生是否具备风险意识和规避风险的能力，将直接影响到创业的成败。

敬业意识：大学生创业，一定要务实，要勤奋，不能光停留在理论研究上。可以从小投资开始，逐步积累经验，不能只想着一口吃个胖子。没有资金，没有人脉都不要紧，关键你要有好的思路和想法，有勇气迈出第一步，才会成功。

三、培养创业意识的意义

21世纪是一个创新的时代，社会需要具有创新与创业精神的高素质创造性人才。中共中央、国务院《关于深化教育改革、全面推进素质教育的决定》要求："高等教育要培养大学生创新能力、实践能力和创业精神，普遍提高大学生的人文素质和科学素质。"创业教育是一种新理念下的创新教育，创业意识是创业教育中的重要构成要素，是创业素质的一种内化表现。从大学生自身素质的提高、高等学校发展、社会需要来看都具有深远的意义。

首先，有利于大学生观念的转变，提高大学生的自身素质。长期以来，大学毕业生深受"学而优则仕""重仕轻商"的观念影响，创业的观念不强。清华大学创业中心的一项调查报告显示，在创业教育方面，中国的平均水平低于GEM（Globe Entrepreneurship Monitor），即全球创业观察统计的平均水平。中国大学生创业比例不到毕业生总数的1%，而发达国家有的高达20%~30%。在这种教育环境下，学生知识创新意识不足，普遍缺乏一种创新精神和冒险精神。加上我们太过注重学习的过程与形式，而忽略了学习的目的，因而走出校园谱写创业史的人不多。这鲜明的对比反映出我国大学生与发达国家大学生在就业创业问题上的差距。

养成创业的意识和创新能力是时代赋予当代大学生的使命，大学生应该敢于面对新问题、新情况、新环境、新变化，培养敢于形成新思路、新观点、新方法、新对策的个性心理品质，迎接时代的挑战。通过理论与实践的学习，使其具有谦逊的态度、坚强的意志、强烈的自信、百折不挠的精神和健全的人格；提高学生的综合素质，从而改变学生被动的就业观念，激发大学生的创新意识与创业意识，有勇气去创业；学生能够为自己和他人提供就业岗位，为社会创造价值，实现自己的人生目标。

其次，有利于改革高等学校教学体制，发展高等教育理论研究。教育的功能不仅仅是文化的传递和延续，更应该是通过一系列的活动，培养高素质、创新型的人才，为社会服务。而现行高等教育体制下培养的学生大部分不善于应用已有的知识去发现问题、解决问题。在这种教育模式下学生思维很难有创新，势必会影响学生的发展，很难和国际教育接轨与对话，从而限制我国高等教育的发展。创业教育是新的教育内容，培养学生的创业意识、创业精神需要高等学校采取新的教育方法才能取得成功，需要高等学校重新审视影响学生发展的问题，进行多角度的研究，这势必推动高等教学体制改革。

创业教育培养的是一代既能动脑又能动手，既有开创精神又有一定创业能力，既能从事一般生产劳动又能从事某种开拓性的创业活动的劳动者。这就把教育综合改革的目标提高到了一个新的更高的层次，开拓了一个新的研究和实践领域。大学生创业意识培养的提出，为高等教育理论研究提供了一个全新的研究视角，开拓了新的研究领域，创业意识培养的研究成果必将推动高等教育研究理论发展。

最后，有利于营造全民创业的氛围，促进社会的和谐发展。意识决定行为，创业意识是创业人才培养的关键。大学生有理想、有知识、容易接受新事物。大学生是创业文化传播的先锋，是沟通社会与家庭的桥梁。通过大学生创业思想的传播可以得到家庭方面的支持，让家庭成员参与进来。家庭是社会的细胞，如果每个家庭都有一份相对殷实的家业，家庭就会有更多的安全感和幸福感，社会就会更加和谐发展。创业需要培植创业文化，增强创业意识，最重要的要有创业激情。比尔·盖茨有句名言："微软是我情人。"没有激情，微软不可能成为世界巨头。而大学生富有激情，定能营造全民创业的氛围，让全民创业的主流意识奔流起来。只有创业才能为人们提供真正充实、有活力的生活，实现人与人、人与自然、人与社会的和谐，才能实现人们的理想，实现富民目标。通过培养大学生的创业意识，激发大学生的创业潜能，使其在条件成熟的时候创业，在全社会形成一个"百姓创家业、能人创企业、干部创事业的"的全民创业的生动局面。

四、培养创业意识的途径

创业意识是创业开展的主观条件，是大学生创业成功的前提。创业意识不是天生就有的，而是在后天的生活工作中，经过一系列的活动的训练，激发人的强烈的创业欲望而形成的。大学生创业意识的形成是大学生自身、家庭教育、高等学校创业教育的开展和社会共同努力的结果。大学生创业意识的形成需要大学生发挥自身的主观的努力；需要正确的家庭教育，营造良好的家庭教育环境；需要高等学校转变教育观念，调整教育目标，实施创业教育；同时也需要社会深入地宣传创业，形成良好的社会舆论，形成全民创业的氛围。我们从社会、高等学校、家庭、个人等四个层面对大学生创业意思的培养进行阐述。

从社会层面来看，大学生创业成功不仅依赖于大学生自身的创业意识、创业能力的培养和学校对创业教育的重视，而且需要整个社会对大学生创业的支持。因为个人行为的改变发生于一定的社会背景之中，要改变个人的创业意识首先必须改变社会环境。

第一，营造良好的全民创业氛围。创业是富民之本，强国之策。倡导大学生创业，必须倡导全民创业，倡导全民具有创业意识。早在中国社会科学院发布的《2005年城市竞争力蓝皮书》显示，居民商业和创业意识越强的地方，各项经济活动就越活跃，越是能有力地推动当地经济的发展。创业意识受文化、传统思想观念等因素的影响，是一个不断积累和演变的过程，社会应该大力宣传创业，要在全社会培育和谐的创业环境，为创业者搭建创业平台，激发人们的创业激情，引导人们树立创业意识。

政府要鼓励大中专毕业生更新择业观念，鼓励他们到最能施展才华的地方去创业，自强不息。让有能力的人创业。一个人创办公司，就能带动一批人就业，甚至可以带动一批公司，带富一方百姓。作为人民公仆——公务员，是公共产品和公共服务的供给者。公务员要一心一意创事业，要挖掘一切有利的条件，团结一切可以团结的力量，创造有利的环境。

大众传媒是大学生取得信息的重要媒介，在大学生创业过程中起到重要作用，大众媒体要从实际出发，要客观报道大学生创业状况，不要过于炒作，过分夸大创业的成功事例，要如实反映创业信息，使大学生创业尽快走向理性化，减少不必要的损失。创业有成功也有失败，我们应该抱有宽容和理解的心态，不要过于炒作，避免让大学生产生超过自身的心理承受能力的压力感。只有在这种环境下，大学生的创业意识才能逐渐形成，大学生才能更好地服务于社会，成为建设和谐社会的主力军和顶梁柱。

第二，积极创造条件，为大学生自主创业提供政治平台。当务之急，政府应该加强对大学生创业指导，完善创业环境。政府应该提供更多诸如科技园区之类的创业孵化器，为创业者提供周到的市场服务。政府要专门成立创业指导机构，组织创业专家采取结对子的方式对已经在创业的大学生提供全程的专业指导，提高大学生创业的成功率。政府应设立专门的大学生创业培训机构，对有创业愿望并具备一定条件的毕业生开展创业培训，促使其进一步树立创业意识和竞争意识，掌握创业所必备的工商、税务、金融、劳动和公司经营等方面的相关知识，了解国家对毕业生开办公司的优惠政策，增强经营管理能力和市场决策能力。同时，通过开展政策咨询和跟踪服务，提高创业的成功率。

此外，对想创业的大学生进行评估与考察，对不具备创业素质和创业条件的大学生，要建议其不要创业，避免不必要的资源浪费。

第三，把高等学校的创业教育成效纳入学校评估体系。评估是检验一个学校办学水平好与坏，使高等学校能够发现问题，督促高等学校提升办学水平的重要手段。目前，教育部在对高等学校的评估体系中，没有把高等学校的创业教育成效纳入评估体系。这样一来，高等学校不会把很大精力放在大学生创业教育上，创业教育就很难得到实质性进展。因此，需要专门的评估体系加以规定，使高等学校能够认真对待创业教育。在实际的评估工作中，应该根据高等学校开展的创业项目活动成效、参与程度、创业氛围的营造、大学生创业意识的强弱、大学生创业的比例等情况进行综合评估，把学校创业教育业绩纳入学校评优、评先进单位体系中。要推广和交流成功的创业经验，促进高等学校创业教育的共同发展。

从高等学校层面来看，学校教育是连接学生、家庭、社会的纽带，学校教育对于大学生创业意识的形成非常关键。创业教育是一种新的教育观念，也是一项教育的系统工程。高等学校应激发大学生的创业欲望，采取各种途径，激发大学生的创业意识，并培养大学生的创业能力。使其在时机成熟的时候，走上创业道路，实现自己的人生价值。高等学校培养大学生的创业意识应该从更新教育理念、调整培养目标、设置创业课程、加强师资队伍建设、营造创业氛围、建立评价系统等方面着手培养大学生的创业意识。

第一，更新教育观念，建立全面的创业教育观。教育观念的转变是加强和改进高等学校创业教育的先导。作为教育者应该把创业教育作为新的教育理念贯穿于高等学校教育的全过程中。高等学校要加强对学生的创业意识培养，使学生认识到自主创业是生存的需要、发展的需要和社会进步的需要。培养学生的创业意识，要让学生形成适应时代发展的就业观念，这是创业意识培养的重要内容，同时也是迫切需要解决的问题。

指导学生转变就业观念要做到"三破三立"。即破等待国家安置的旧观念，立自主创业的新观念；破一业而终的旧观念，立准备从事多种职业的新观念；破安于现状的旧观念，立开拓进取的新观念。同时，学校要从多方面激发学生创业欲望，提高创业思维能力，掌握创业方法和策略，从而使他们毕业以后能够走上自我创业的道路。

创业教育是素质教育的体现，其显著特征就是创新性、创造性。这就要求高等学校的教师、科研与管理人员要具有创造性思维，能为大学生的创造活动提供精神土壤。在高等教育大众化的今天，高等教育功能发生了变化，这种变化决定了高等学校要调整人才培养目标，确立多元的质量观。因为每一个人在先天的潜能、性格、爱好、才能等方面存在着差异性，我们应该尊重和保护这种差异，允许学生在某些能力上有特殊的发展，只有这样，才能培养出有特色的创造性人才，才能实现人才培养模式的创新。创业教育的目的在于培养大学生的自我就业意识，使他们有眼光、有胆识、有能力、有社会责任感，做好创业的心理准备和知识准备。要从观念上改变为创业而进行的创业教育，将创业教育的思想渗透到高等学校各方面教育中，贯穿到教书育人、管理育人、服务育人的全过程中去。

第二，构建完善的创业教育课程体系。学生创业意识的培养是一个逐步升华的认识过程，首先，学校要把提升创业技能和获得创业精神作为学校人才培养的基本目标，并根据各个专业的学制安排，将创业教育贯穿在学生入校至毕业的每一个教学环节。其次，创业教育应作为一门课程来开设。创业课程内容可以在学科之间渗透。高等学校门类众多，每门学科都蕴涵着丰富的创业素质教育内容。在学科教育中渗透创业教育，是培养大学生创业意识，提高大学生创业能力的有效途径。

通过学科渗透创业教育思想是很好的教学方法，但要真正形成大学生的创业意识还要有专门的创业课程。高等学校应该开设一些例如："创业管理入门""创业实务""沟通技巧""市场调查""公司与合同法"的课程，让学生知道创业前需要做的准备、创业的步骤以及如何把握市场等相关的创业知识。使学生逐步树立市场意识、诚信意识、风险意识、责任意识，提高学生的创业能力。

第三，建设一支适应创业教育的师资队伍。要培养出有创业意识的学生，高等学校必须建设一支创业教育师资队伍。在这支队伍中，既要有专职教师，传授系统的创业理论，又要有兼职的企业家，传授创业的经验及教训。只有这样的创业教师队伍，才能提升大学生的创业素质，提高学生的创业意识。

高等学校可以从其内部和外部两个方面建设创业教师队伍：一是高等学校对内可以培训或鼓励教师进行创业实践，增强专职教师的创业能力。具体而言，高等学校可以出资送骨干教师参加创业培训，从而使教师更好地去创业兼职，让有潜力的青年教师开展创业实践，培养他们的市场意识和市场运作经验，从而使他们能够真正地、有针对性地为学生解惑。二是高等学校对外可以请一些经验丰富的成功企业家、创业者、技术专家作为兼职教师，或者按合适的比例引进或聘任相关创业人员，形成不同类别、不同层次的创业教育师资队伍。同时，高等学校还要不定期请一些公司老总、创业专家到学校演讲，介绍创业的经验，激发大学生的创业意识。

第四，丰富创业教育实践活动，营造创业氛围。创业意识的形成离不开实践这条根本的途径，需要课程教学与课外实践活动结合起来。丰富创业教育实践活动，营造创业氛围，高等学校应从以下几个方面入手：

一是设立大学生创业中心。让大学生有一个属于自己的平台，能够在这个平台上分享创业心得，能在这平台上施展才华。教师要发挥积极作用，要为学生提供创业的相关信息。

二是建立大学生创业基金。鼓励有创意的学生通过创业专家评估，获得创业基金，来开发自己研发的产品。同时吸引社会的风险投资为有前景的产品投资。

三是走产学研合作的道路，创建创业基地。把学生带入科研室，让学生参与科研，提高大学生的研发能力。高等学校要创造条件，提供指导与服务，把部分校内市场适度向大学生开放。学生有了锻炼机会，才能进一步提高自身的创业能力。

四是定期举办创业计划大赛，营造良好的创业氛围。在美国，很多创业计划被买走，最终成为上市公司。创业计划大赛不是少数人的舞台，需要大学生积极参与进来，只有大多数大学生参与创业计划大赛，才能形成良好的创业氛围。

五是大学生要主动为自己寻求实践活动。暑期社会实践活动、志愿服务、求学期间打工、结合专业优势和个人特长举办各种培训班，也可搞推广、营销、竞技类的活动。这样的实践活动不仅能够为父母减轻经济上的压力，而且也能锻炼自己的技能，为创业提前做好准备。

第五，建立有效的创业教育保障机制。创业教育要取得成功，高等学校必须要建立创业教育保障机制。高等学校要成立专门的督导队伍，加强对创业教学过程的指导与监督，建立信息反馈机制。要密切关注创业实践动态，及时发现创业教学中存在的问题，并加以解决。同时要完善激励机制，增强师生参与创业活动的积极性。各个部门要制定出一系列相互配套、行之有效的规章和措施，把干部、教师、学生参与创业教育研究和实践的成绩，作为其考核、评优、晋升的重要依据，对那些积极参与改革，取得重要成果或成绩的单位和个人，给予重奖和表彰；对在创业教育中表现突出、创业意识强、创业素质好的学生，要大力宣传和表彰。把创业实践计入学分，并对学生的创业素质进行考核，成绩计入学生的综合测评成绩里，与学生的奖学金、评优等方面挂钩。

高等学校只有高度重视创业教育，建立创业教育保障机制，调动师生的积极性，才能使学校、教师、学生形成合力，在校园内形成浓厚的大学生创业氛围，从而激发大学生创业激情与欲望。

从家庭教育层面来看，家庭教育对于形成大学生的创业意识起到非常重要的作用。家长和亲戚的言行间接影响着大学生对创业的认识。

第一，转变传统的观念。在高等教育大众化背景下的大学生只是"普通的劳动者"，他们同样要接受市场的考验，同样面临着就业与创业的问题。在高等教育大众化下所培养的人才是多规格人才，既要有面向大型公司单位、面向沿海发达城市就业的毕业生，又要有面向基层、面向农村和西部内陆城市的毕业生，还要有能够自主创业的毕业生。这是历史发展的必然趋势，社会上没有这么多现成的就业岗位，需要有能力的大学生开创自己的未来，为自己、他人提供就业岗位。家长应该多关注时事变化，了解教育的动态发展，及时转变传统的观念，紧跟着当前的国际形势变化。

第二，积极为子女创造有利的创业氛围。父母的创业行为会带动子女的创业愿望，形成创业意识。通过数据分析得出：家庭背景的优越程度与学生创业意愿成负相关。即家庭经济状况会对学生创业意愿的强弱带来影响，越是出身贫寒的学生，其创业意愿就越强。家庭经济条件相对较差的学生更加想要通过创业成功来改善家庭的经济状况和自己的命运。

家庭环境的好与坏直接影响到孩子创业意识的发展，如果家长对孩子过分宠爱、过度保护、教育不当，就会使得孩子不思进取，碌碌无为。家长意识到这点非常重要。目前，对于大学生缺乏创业意识，创业能力不高的现象，许多的学者过多地指向高等学校的创业教育的失误。单方面指责高等学校是有些偏激的。大学生的创业意识、创业能力的培养是多方面的合力，家庭的教育也相当重要。

在欧美发达国家，家长非常重视对孩子独立意识的培养。孩子们从小就在脑子里播下了创业的种子并有掌握相应技能的欲望。美国年轻人创业比率居发达国家之冠，与从小接受独立教育、艰苦创业教育是分不开的。戴尔公司的创始人迈克尔戴尔，12岁时就尝试通过邮票赚零花钱花；被美国商业周刊评为杰出青年创业家的卡斯诺恰，14岁时就成为一家网络软件公司的负责人。进入新经济时代后，越来越多的美国青年大胆地抓住机遇，执着地实践自己的梦想，以自主创业、打造出自己的一片天地为荣。有专家分析说，正是美国这种家庭教育体制和鼓励创业的社会文化，造就了一批又一批杰出的企业家，推动了美国经济持续不断地发展，保持着世界领先的地位并始终充满了活力。

所以，家长要多接触先进的教育思想，多和孩子交流；引导孩子树立远大的目标，培养其艰苦奋斗、勇于开拓进取的精神；要为孩子做好艰苦朴素的榜样，使其养成勤俭节约的好作风；从小要培养孩子独立自主、自力更生的意识，做一些力所能及的事情；实施正确的家庭教育，积极营造良好的家庭氛围；支持孩子的创业想法，积极为孩子创造条件，使之形成良好的创业意识。

从大学生自身认识层面来看，创业意识的培养必须与自我教育结合起来。为此，培养大学生的创业意识必须从转变大学生的思想观念、积极参与创业活动两个方面着手：

第一，转变传统的就业观念。大学生应该意识到，在知识经济时代条件下，人的生存与发展不再是适应，而是创新。大众化的高等教育立足于时代与市场要求，培养的是具有创新精神与实践能力的复合型人才。大众化的高等教育所培养的人才是符合社会需要的多品种、多规格的人才，从"自主择业"走向"自主创业"，这是时代的要求，也是高等学校毕业生就业制度改革所大力提倡的。自主创业是对传统就业观的挑战，它是在自主择业的氛围中产生的一种新的就业形式，有利于发挥人的创造性和冒险精神。

自主创业是历史发展的必然选择，大学生要改变传统的"等""靠""拿"的就业思想，应深刻意识到这种就业思想已经成为历史。如果自己的思想观念不能跟上时代的步伐，就会被淘汰。大学生要有主体意识，认识到自身肩负的责任：以天下为己任，报效祖国。跨入社会创业，为自己创业，也是为他人创造就业机会，促进社会的和谐发展。

第二，积极参与创业活动事物是由内外因共同决定的。而内因，即大学生自身起到决定性的作用。外部环境再好，如果没有大学生自身的积极参与，不发挥自身的主观能动性，很难形成创业意识，更别说去创业。当代大学生应该认识到教师只能在相关知识的传授、创业思想的武装和解决创业前期的准备上给予一定的指导，能否创业成功关键在于自己。

大学生要积极参与各种有利于自身发展的活动，使自己形成良好的商机意识、转化意识、战略意识、风险意识、敬业意识等创业意识。当代大学生要想有一番作为，就必须积极参与社会活动，培养适应社会的能力，以一种积极向上的心态去面对机遇与挑战。

第二节　创业精神

创业精神（也称为企业家精神）指某个人或某个群体通过有组织的努力，以创新和独特的方式追求机会、创造价值和谋求增长，不管这些人手中是否拥有资源。创业精神包括发现机会和调度资源去开发这些机会。

创业精神包括了以下两个方面的含义：

一是精神层面，"创业精神"代表一种"以创新为基础的做事与思考方式"；

二是实质层面，"创业精神"代表一种"发掘机会，组织资源建立新公司，进而为市场提供新的价值的过程。"

这两个方面的含义最大的特点就在于突出了"新"字，离开了创新，没有为市场提供新的价值，那么创业将失去光芒和竞争力。从精神层面来看，主要是基于思维的角度，是一种做事和思考的方式；而从实质层面来看，主要是基于具体的操作角度，是一种发掘机会、组织资源、建立新公司的过程。创业精神首先要有想法，然后才有行动，两者缺一不可。

创业精神是一种理念，这种理念应贯穿于当代大学生的思想意识之中，培养大学生创业精神和创业能力，使大学生毕业后能够大胆走向社会、自主就业、积极创业。

一、创业精神的内容

创业精神是创业者在创业过程中具有开创性的思想、观念、个性、意志、作风品质等重要行为特征的高度凝练，主要表现为勇于创新、敢于冒险、团结合作、坚持不懈等。

创新是创业精神的灵魂。彼得·德鲁克认为，创新是表现创业精神的特殊工具。创业者最爱做颠覆性的事情，一个公司最大的隐患，就是创新精神的消亡。创业活动中的创新包括从产品创新到技术创新、市场创新、组织形式创新等。

冒险是创业精神的天性。没有敢冒风险和承担风险的魄力，就不能成为创业者。中外无数创业者虽然生存环境、成长背景和创业机缘各不相同，但无一例外都是在创业条件极不成熟和外部环境不明晰的情况下，他们敢为人先，敢于做"第一个吃螃蟹的人"。

合作是创业精神的精髓。社会发展到今天，行业分工越来越细，没有谁能一个人完成创业需要完成的所有事情。真正的创业者都是善于合作的，还将这种合作精神扩展到公司的每个员工，当面临困境时，团队成员能团结一心，奋力杀出重围。

执着是创业精神的本色。创业的过程必然伴随着各种艰辛和曲折，因此创业者必须坚持不懈、咬定青山不放松，做到不抛弃、不放弃。英特尔总裁葛洛夫认为："只有偏执狂才能生存。"百度的李彦宏也说道："认准了就去做，不跟风，不动摇。"

总之，创业精神既是创业的动力源泉，也是创业的精神支柱，是成功创业的前提，没有创业精神就不会有创业行动，也就无从谈起创业。即使有创业，也往往是浅尝辄止半途而废。创业的道路不会一帆风顺，总是充满困难和荆棘。因此，创业精神对创业成功至关重要。

二、创业精神的意义

创业精神能够激发人们进行创业实践的欲望，是一种内在的动力机制。它在很大程度上决定着一个人是否投身创业实践活动，支配着人们对创业实践活动的态度和行为，并影响着态度和行为的方向及强度。

创业精神能够渗透到三个领域产生作用：其一是个人成就的取得，即个人如何创建自己的公司；其二是大公司的成长，也就是大公司如何使其整个组织都重新焕发创业精神从而具有更强的竞争力，创造更高速的成长；其三是国家的经济发展，也就是建成小康社会，使国家更富强，人民更幸福。

创业精神的力量是能够帮助个人、公司、企业乃至整个国家或地区在面对错综复杂的竞争环境时走向成功和繁荣。当前，世界产业结构正经历着彻底转变，创业精神有利于我们国家加快转变经济发展方式，促进经济社会又好又快发展。

三、培养创业精神的途径

创业精神的培育常常从培养创业人格、培养创新能力、宣扬创业文化和强化创业实践等方面去进行。

第一，培育创业人格。个性特征对创业者个体来说非常重要，尤其是"独立性""坚持性""敢为性"等。所以，人格塑造与创业精神培养相辅相成。大学生要树立心理健康意识，优化心理素质，增强心理调适能力和社会的适应能力，自觉培养坚韧不拔的意志品质和艰苦奋斗的精神，提高承受和应对挫折的能力。此外，还可以采用创业案例剖析创业者的人格特征、进行心理特训等，掌握形成优良的心理素质与人格特征的途径和方法。

第二，培养创新能力。创新是创业精神的核心。大学生要保持个性发展和好奇心、求知欲，勇于突破，有意识地突破前人，突破书本，突破老师。通过学习创新创造类课程、参加主题技能竞赛，感受、理解知识产生和发展的过程，培养科学精神和创新思维，提高自身的创新能力。

第三，强化创业实践。"纸上得来终觉浅，绝知此事要躬行。"大学生应该利用课余时间参加一定的创业模拟和社会实践活动，增强对公司的了解和对社会的适应能力。如在校内外开展创业竞赛活动、与社会公司联合开展学生的实习见习等，在实践中磨炼自己，形成正确的创业认知，培育创业精神，提升解决问题的能力。

第三节　创业思维

创业者需要养成理性的创业思维，包括发展思维、逆向思维、系统思维、博弈思维、直觉思维、领导力思维。

一、发展思维

曾经进行过一个现场实验：用6根火柴摆出4个正三角形，时间要求90秒。有人说要是给我12根火柴该多好，也有人说把一根火柴弄断，6根就变成12根，摆起来正好是4个正三角形。所以要敢于打破常规，敢于颠覆。但是，有没有想过在保持长度的情况下将火柴一分为二，同样变成12根。也就是说，也可以将6根火柴摆出两个三角形，利用镜像原理，镜子里面有两个虚的三角形，加上两个实的，也是4个。

能够设法优化资源、整合资源、配合资源，这也是非常重要的一种本事。这个世界从来不缺少资源，缺少的是对资源优化调度、配置整合的能力。创业者常常认为自己缺钱、缺思路、缺流程，其实什么都不缺，关键在于你能否整合资源。当然，创业不是凭空出世，不是平地起高楼，知识越充实，思维越开阔，创新的思路就越多。

二、逆向思维

逆向思维包括反向思维和雅努斯思维。

反向思维是指站在问题的对立面思考问题，这是非常重要的思维模式,也是非常讨巧的思维模式。我们都知道生命在于运动,但是有没有想过另外一句话,生命在于静养。生命在于运动固然对,但生命在于静养同样也成立,在所有的动物里面最长寿的动物是龟,龟的长寿之道是静,大量时间在冬眠。中国的很多成语都充满了大智慧,比如大音希声、大智若愚、大巧若拙、大俗大雅等都充满了辩证法,表现出反向思维的精髓。

雅努斯思维是指既看到问题的本身,又看到问题的对立面。如大规模定制是戴尔公司成功的秘诀。这句话是反逻辑、反思维的,既然是大规模,怎么可以定制?既然是定制,怎么可以大规模?对每个具体的消费者来讲是定制,戴尔公司可以满足其做工、款式等的要求。然而通过电子商务、信息系统,戴尔公司把全世界相同偏好、相同需求的这些订单集中起来,在后台进行大规模批量生产。所以,对消费者来讲是量身定制,对戴尔公司来讲是大批量加工。

三、系统思维

所谓系统思维,就是不是孤立、片面、静止地思考问题,而是全面、运动、变化、联系地思考问题。系统思维具有以下几个特性:

第一,整体性。系统思维方式的整体性是由客观事物的整体性所决定,整体性是系统思维方式的基本特征,它存在于系统思维运动的始终,也体现在系统思维的成果之中。

第二,层次性。系统思维具有层次性,管理既是科学,也是艺术,更是哲学,最适合的才是最好的,而不是大、优、强。

第三,动态性。要变化地看问题不是静止地去看问题,因此要进行权衡变通与谋划,积极应对改变。

第四,开展性。系统思维告诉我们,一个系统如果和他的边界、环境和另外的系统不发生物质的、信息的、能量的交流,这个系统就会枯竭死亡,丧失生命力。所以对于创业者来讲,要有开放的心态,自觉地与外界和周边的世界以及环境发生物质的、能量的、信息的交流和互换，从中获得养分，通过互动的过程发现机会。

第五，综合性。不是单看某一个方面，而是把多方面的因素立体地、综合地集合起来。创业者必须具备掌控全局和综合把握的能力，这是非常重要的挑战。很多人认为自己的技术不错，这个固然重要，但是人际交往、公关能力，与投资者、银行、政府部门、媒体良好的关系等，都是创业者需要具备的。

四、博弈思维

要想成为一个成功的创业者，就要对博弈论有一个大致的了解。概括地说，博弈论主要包括三条：第一条是关注他人的价值，而不是自说自话；第二条是不仅看现在怎么样，当下怎么样，关键是对未来进行展望谋划，逆向思考；第三条，也是最重要的一点，即学会自觉换位思考，把自己置于竞争对手的位置思考。具体而言，若想知道竞争对手如何对你的举动作出反应的话，你就应该对竞争对手可能的反应提前加以反应，并且按照这种思维进行逆向思考，最后做出决策。

五、直觉思维

学校教我们理性思维，却很少教我们合情思维。合理容易做到，而合情不太容易做到。有时直觉思维、悟性、洞察力、第六感在创造性思维活动中会发挥重要的作用。直觉思维是可以有意识地加以训练和培养的。直觉思维是基于对研究对象整体上的把握，由于思维的无意识性，它的想象才是丰富的、发散的，使人的认识结构向外无限扩展。一个人的直觉力通常是在非常松弛的时候最容易发挥作用。创业者应该培养敏锐的观察力和洞察力，获得广博的知识和丰富的生活经验，客观地对待直觉，尽量排除各种影响和干扰。

六、领导力思维

领导力是具有层次性的，从技术技能到管理技能再到概念技能，是需要训练的。可能很多的创业者真正的优势在技术层面，然而要成为一个合格的管理人员，要进一步修炼管理技能，进一步提升自己的领导力。

第四节　创业能力

创业能力是指直接影响创业实践活动效率，促使创业活动顺利进行，并能够创立和发展一项或多项事业的主体心理条件。大学生创业能力既具有创业能力的基本内涵，又富有其自身特色。大学生因其自身的思想先进性、时代创新性、高知识水平等特点，其创业能力具有更加丰富的内涵。作为一种综合性的能力，它由认知能力、自主能力、专业能力、竞争能力、社会能力等组成。

创业能力作为一种特殊的能力，直接影响到创业活动的效率和创业的成功。在培育学生创业能力过程中，可以落实到决策能力、经营管理能力、专业技术能力、交往协调能力、创新能力等具体能力的培养上。

一、决策能力

决策能力是指创业者根据主客观条件，因地制宜，正确地确定创业的方向、目标、战略以及具体选择实施方案的能力。决策是一个人综合能力的表现，一个创业者首先要成为一个决策者。

大学生要创业，首先，要从大众化的创业目标以及方向中进行分析比较，选择最适合发挥自己特长与优势的创业方向、途径和方法。在创业的过程中，能从错综复杂的现象中发现事物的本质，找出真正存在的问题，分析原因，从而正确处理问题，这就要求创业者具有良好的分析能力。其次，要能做出正确的判断。判断就是能从客观事物的发展变化中找出因果关系，并善于从中把握事物的发展方向。分析是判断的前提，判断是分析的目的。第三，决策离不开创新。创业实际上是一个充满创新的事业，所以创业者必须具备创新能力，有创新思维，无思维定式，不墨守成规，能根据客观情况的变化，及时提出新目标、新方案，不断开拓新局面，创出新路子。可以说，不断创新是创业者做出智慧的决策、不断前进的关键环节。

二、经营管理能力

经营管理能力是指对人员、资金的管理能力。它涉及人员的选择、使用、组合和优化；也涉及资金聚集、核算、分配、使用和流动。经营管理能力是一种较高层次的综合能力，是一种运筹能力。经营管理能力的形成要从学会经营、学会管理、学会用人、学会理财几个方面去努力。

学会经营：创业者一旦确定了创业目标，就要组织实施，为了在激烈的市场竞争中取得优势，必须学会经营。

学会管理：学会质量管理，要始终坚持质量第一的原则。质量不仅是生产物质产品的生命，也是从事服务业和其他工作的生命，创业者必须严格树立牢固的质量观。要学会效益管理，要始终坚持效益最佳原则，效益最佳是创业的终极目标。可以说，无效益的管理是失败的管理，无效益的创业是失败的创业。做到效益最佳要求在创业活动中人、物、资金、场地、时间的使用，都要选择最佳方案运作。做到不闲置人员和资金、不空置设备和场地、不浪费原料和材料，使创业活动有条不紊地运转。学会管理还要敢于负责，创业者要对本公司、员工、顾客以及对整个社会都抱有高度的责任感。

学会用人：市场经济的竞争是人才的竞争，谁拥有人才，谁就拥有市场、拥有顾客。一个学校没有品学兼优的教师，这个学校必然办不好；一个公司没有优秀的管理人才、技术人才，这个公司就不会有好的经济效益和社会效益；一个创业者不吸纳德才兼备、志同道合的人共创事业，创业就难以成功。因此，必须学会用人。要善于吸纳比自己强或有某种专长的人共同创业。

学会理财：首先要做的就是学会开源节流，开源就是培植财源，在创业过程中除了要抓住主要项目创收外，还要注意广辟资金来源。节流就是节省不必要的开支，树立节约每一滴水、每一度电的思想。但凡百万富翁、亿万富翁都是从几百元、几千元起家的，都经历了聚少成多、勤俭节约的历程。其次要学会管理资金。一是要把握好资金的预决算，做到心中有数；二是要把握好资金的进出和周转，每笔资金的来源和支出都要记账，做到有账可查；三是把握好资金投入的论证，每投入一笔资金都要进行可行性论证，有利可图才投入，大利大投入、小利小投入，保证使用好每一笔资金。总之，创业者心中时刻装有一把算盘，每做一件事、每用一笔钱，都要掂量一下是否有利于事业的发展，有没有效益，会不会使资金增值，这样才能理好财。

要讲诚信：就创业者个人而言，诚信乃立身之本，"人而无信，不知其可也。大车无輗，小车无軏，其何以行之哉？"创业者在创业过程中，如果不讲信誉，就无法开创出自己的事业；失去信誉，就会寸步难行。讲诚信，一是要言必行；二是要讲质量；三是要以诚待人。

三、专业技术能力

专业技术能力是创业者掌握和运用专业知识进行专业生产的能力。专业技术能力的形成具有很强的实践性。许多专业知识和专业技巧要在实践中摸索，逐步提高、发展和完善。创业者要重视创业过程中知识及专业技术方面的经验积累和职业技能的训练，对于书本上介绍过的知识和经验要在加深理解的基础上予以提高、拓宽；对于书本上没有介绍过的知识和经验要探索，在探索的过程中要详细记录、认真分析，进行总结、归纳，上升为理论，形成自己的经验特色，积累起来。只有这样，专业技术能力才会不断提高。

四、交往协调能力

交往协调能力是指能够妥善地处理与大众（政府部门、新闻媒体、客户等）之间的关系，以及能够协调下属各个部门成员之间关系的能力。创业者应该做到妥当地处理与外界的关系，尤其要争取政府部门、工商以及税务部门的支持与理解，同时要善于团结一切可以团结的人，团结一切可以团结的力量，求同存异，共同协调发展，做到不失原则、灵活有度，善于巧妙地将原则性和灵活性结合起来。创业者只要搞好内外团结，处理好人际关系，才能建立一个有利于自己创业的和谐环境，为成功创业打好基础。

交往协调能力在书本上是学不到的，它实际上是一种社会实践能力，需要在实践活动中学习，不断积累总结经验。这种能力的形成一是要敢于与不熟悉的人和事打交道，敢于冒险和接受挑战，敢于承担责任和压力，对自己的决定和想法要充满信心，充满希望；二是养成观察与思考的习惯。社会上存在着许多复杂的人和事，在复杂的人和事面前要多观察多思考，观察的过程实质上是调查的过程，是获取信息的过程，是掌握第一手资料的过程，观察得越仔细，掌握的信息就越准确。观察是为思考做准备，观察之后必须进行思考，做到三思而后行；三是处理好各种关系。可以说，社会活动是靠各种关系来维持的，处理好关系就是要善于应酬。心理学家称：应酬的最高境界是在毫无强迫的气氛里，把诚意传达给别人，使别人受到感应，并产生共识，自愿接受自己的观点。搞好应酬要做到宽以待人、严于律己，尽量做到既了解对方的立场又让对方了解自己的立场。交往协调能力并不是天生的，也不是在学校里就形成的，而是走向社会后慢慢积累社会经验，逐步学习社会知识而形成的。

五、创新能力

创新是知识经济的主旋律，是创业者化解外界风险和取得竞争优势的有效途径。创新是创业能力素质的重要组成部分。它包括两方面的含义，一是大脑活动的能力，即创造性思维、创造性想象、独立性思维和捕捉灵感的能力；二是创新实践的能力，与人们的知识、技能、经验、心态等有着密切的关系。具有广博的知识、扎实的专业基础、熟练的专业技能、丰富的实践经验、良好的心态的人容易形成创新能力，它取决于创新意识、智力、创造性思维和创造性想象等。

第四章
创业机会

第一节 创业机会概述

一、市场机会定义

"创业研究之父"蒂蒙斯教授认为,创业过程始于市场机会,而不是资金、战略、网络、团队或商业计划。开始创业时,市场机会比资金、团队的才干和能力及适合的资源更重要。商业创意来自创业机会的丰富和逻辑化,并最终演变为商业模式,好的商业模式是具有对社会资源的极大整合力。市场机会也称市场机会,是指有吸引力的、能实现某种商业盈利目的的、适时的商务活动的空间。

市场机会是一个人决定是否进行创业的最核心考虑要素,也是创业行为的起点。一个人只有在发现市场机会后,才可能进一步考虑能否配置到必要的资源,以及利用这个市场机会能否最终盈利,如果能够,则这个市场机会对于这个人而言就成为创业机会,进而就可以决定是否开始进行创业。对于创业者而言,真正的市场机会比团队的智慧、才能或可获得的资源更为重要。市场机会往往由于存在消费者未能满足的消费需求而引发,这种未能满足的需求导致了可以给顾客提供更多价值的产品和服务的机会。可是，一个好的想法未必是一个好的市场机会。例如，你可能通过一项新技术发明了一个非常有创意的产品，但是市场可能并不需要它。事实上，在新产品开发中有超过80%都是失败的，很多发明家的想法听起来很好，但是经受不住市场的考验。如何将一个不错的想法或创意转化成一个市场机会？一个简单的答案就是，有市场需要且收入超过成本能够获得利润时。

（二）创业市场机会

创业市场机会存在于我们的生活环境中，存在于我们的商业环境中，当我们置身于这样的环境，思考顾客的问题和抱怨时，往往能发现很多商机。不同的人所能够观察到的商机是千差万别的，只不过那些独到的或者说另辟蹊径的商机发现，更容易让某一位创业者获得成功而已。商机可以归结为如下几种类型：

第一种，环境机会。与创业机会在环境变化的同时消费需求也随之变化，市场上客观存在着许多尚未满足的新需要，即市场机会。由于这些市场机会是因为环境变化而形成的，因此称为环境机会。但环境机会并不一定都是最佳市场机会，只有当这些环境机会符合创业者的优势、能力与创业目标时，才能转化为创业机会。

第二种，显性的市场机会。与潜在的市场机会在市场上，明显没有被满足的现实需求，就是显性的市场机会；现有的产品种类未能满足的或尚未完全为人们意识到的、隐而未见的需求，就是潜在的市场机会。显性市场机会由于明显，识别难度较低，所以抓住这一市场机会并利用这种机会的创业者较多，但却难以取得机会效益，即先于其他公司进入市场所取得的竞争优势和超额利润。潜在的市场机会虽然不易于为人们发现和识别，寻找和识别难度系数大，但由于抓住和利用这种机会的创业者少，因而机会效益比较高。所以，创业者应注意发现和利用潜在的市场机会，它的利用价值高。

第三种，行业性市场机会。与边缘性市场机会在公司所处的行业或经营领域中出现的市场机会，称为行业性市场机会；在不同行业之间的交叉或结合部分再现的市场机会，称为边缘性市场机会。行业市场机会一般会受到许多公司重视，并将其作为寻找和利用的重点，因为它能充分利用行业已有经验和资源，发现、寻找和识别的难度系数较低。但由于行业内部公司之间的激烈竞争，往往会使机会效益减弱甚至丧失。在行业间的边缘地带一般是现有创业公司容易忽视的地方，在这些区域，消费者的需求不能得到充分满足，甚至还会产生一些新的消费需求。这类市场机会大都比较隐蔽，进入壁垒也比较小，因此带来机会效益的可能性也较大。因此，创业者在行业之间的交叉或结合部分寻求市场机会是最为理想的，但寻找和识别边缘性市场机会的难度却较大，且需要创业者具有丰富的想象力、强烈的创新精神和开拓精神。

第四种，当前市场机会。与未来市场机会在当前的环境变化中市场上出现的未被满足的需求，称为当前市场机会。在当前的市场上仅表现为一部分人的消费意向或少数人的需求，但随着环境的变化和时间的转移，在未来的市场上或将发展成为大多数人的消费倾向和大量的需求，称为未来市场机会。在寻求和正确评价未来市场机会条件下，提前开发产品并在机会到来之时迅速将其推向市场，最易于取得领先地位和竞争优势，机会效益较大，但本身也隐含着一定的风险性。重视未来市场机会并不意味着可以轻视当前市场机会，否则公司将失去经营的现实基础，而对未来市场机会缺乏预见性和相应准备，对公司今后的发展也很不利。因此，创业者应将这两种市场机会的寻找和分析工作结合起来进行。

第五种，全面市场机会。与局部市场机会在大范围市场上出现的未满足的需要为全面市场机会。在小范围市场上再现的未满足的需要为局部市场机会。前者意味着整个市场环境变化的一种普遍趋势，后者则意味着局部市场环境的变化有别于其他市场部分的特殊发展趋势。区分这两种市场机会，对于创业者或公司测定市场规模，了解需求特点，从而有针对性地开展市场营销活动来说是必要的。

二、创业市场机会类型

创业机会的界定为有效识别创业机会奠定了基础，创业机会本身是客观存在的，只要细心地观察分析就能发现各种各样的创业机会，而这些创业机会表现为不同的形式，所以还需要了解创业机会的各种类型。一般地说，创业机会类型为以下几种形式。

（一）根据创业机会可识别性

根据创业机会的可识别性，可将创业机会划分为潜在创业机会和显现创业机会。在市场上存在着明显的未被满足的某种需求称为显现创业机会；而隐藏在现有某种需求背后的未被满足的某种需求称为潜在创业机会。比如20世纪80年代兴起的吸氧热就是一个明显的显现创业机会。很多创业者都发现并捕捉了这个创业机会，但这种创业机会容易寻找和识别，发现的人多，创业者也就多，创业者人数一旦超过一定限度，就会造成供过于求，最终给创业者带来亏损。而潜在创业机会不容易被发现，有一定的隐蔽性，但正是由于识别和发展它的难度大，如果创业者找到并抓住了这种机会，成功创业的机会就大得多，机会利用效益也会较高。

（二）根据创业机会来源

根据创业机会的来源，可以将创业机会划分为行业创业机会与边缘创业机会。出现在新创公司经营领域内的创业机会为行业创业机会；出现在不同行业的交叉点、结合部的创业机会为边缘创业机会。通常创业者对行业创业机会比较重视而忽视行业与行业之间的"夹缝""真空地带"产生的未被满足的需求。但行业创业机会由于行业内竞争比较激烈，机会利用的效益相对较差，而在"真空地带"产生的边缘创业机会，竞争不激烈，机会利用的效果也较好。所以边缘创业机会是创业者在行业外寻找创业机会比较理想的选择。如芭比娃娃是将婴幼儿喜欢的娃娃与少男少女形象结合起来，形成了一个新的组合，满足了脱离儿童期但还未成年的人群的需求，最终获得了创业上的巨大成功。

（三）根据创业机会影响时间

根据创业机会的影响时间，可以将创业机会划分为现实创业机会与未来创业机会。目前市场上存在的尚待满足的某种需求为现实创业机会；目前市场上还没有或仅表现为少数人的消费需求，但预期在未来某段时间内会出现的大量需求为未来创业机会。现实创业机会是已经出现的，所以创业者容易识别和把握，但对未来创业机会的识别和利用则要困难得多。这两种创业机会之间并没有严格的界线，任何一个未来创业机会经过一定的时间、在特定的条件下，最终都可能变成现实创业机会。从营销的角度来看，创业者要提前预测未来创业机会，并积极进行相应的准备，一旦未来创业机会变为现实创业机会，能将预备的产品抢先进入市场，获得市场的主动权。

（四）根据创业机会重要性

根据创业机会的重要性，可以划分为首要创业机会和次要创业机。创业机会有时是结伴而来的，会发生多种创业机会同时出现的现象。这时创业者就产生了辨别和选择首要创业机会和次要创业机会的问题。首要创业机会是指那些对创业活动产生重大影响和起着决定性作用的有利机遇，能引发创业活动超常规发展并快速走向成功。次要创业机会是指那些虽对创业活动具有积极影响和推动作用，但并不能带来本质变化的有利机遇。对这些创业机会，创业者不能兼容并蓄，而应该分清轻重缓急，果断选择首要创业机会并加以合理利用。否则，识别创业机会就没有意义了。

（五）根据创业机会影响空间

根据创业机会的影响空间，可以划分为全面创业机会与局部创业机会。大范围内（比如国际市场、全国市场）出现的未被满足的某种需求为全面创业机会；在某一时间、某一区域出现的未被满足的某种需求为局部创业机会。全面创业机会反映环境变化的一种普遍趋势，对参与市的创业者具有普遍意义；局部创业机会场竞争代表某一市场的特殊变化趋势，往往只对进入该市场的创业者有特殊意义。因此，创业者在分析创业机会时，要注意将全面创业机会与局部创业机会区分开来，不能将全面创业机会误以为是特定环境中的局部创业机会，相反也不能将局部创业机会误以为是具有普遍意义的全面创业机会。

（六）根据创业机会主体

根据创业机会主体，可以将创业机会划分为社会机会和个别机会。社会机会是指在一个特定的历史时期由于社会或经济形势的某种变化所形成的有利客观因素，是一个系统性、全面性的机会，不需要考虑某一社会活动主体的自身条件，而是以全体社会成员为对象的。同处一个特定时代的人，都能拥有或利用这种机会。个别机会是针对个别创业者在特定时间的良好机遇而言，是指从事某一社会或经济活动的个别创业者所需要的创业机会，所以也称个人发展机会。这种创业机会因人而异，非常具体。由于创业者自身的情况不尽相同，对有些创业者来说可能是机会，但对另一些创业者未必就是机会。需要指出的是，个别机会是从社会机会中派生出来的，要在社会机会的前提下，才能发挥作用。

三、创业市场机会特征

一个好的创业机会必须是能够实行和实现价值的商业机会，一般来说，应具备以下特征：

第一，真实的市场需求。即那些具有购买力和购买欲望的消费者有未被满足的需求。

第二，能够收回投资。即在承担风险和投入资源之后，可以带来回报和收益。

第三，具有竞争力。即消费者认为购买你的产品或服务比购买其他的产品或服务能够获得更多的价值。

第四，实现目标。即满足那些具有冒险精神的人和组织的目标。

第五，有效的资源和技能。即不超出创业者所能具备的资源、能力、法律等必备条件范围之外。

创业学教授蒂蒙斯提出，好的创业机会有以下四个特征：第一，它很能吸引顾客；第二，它能在你的商业环境中行得通；第三，它必须在机会之窗存在的期间被实施（注：机会之窗是指商业想法推广到市场上去所花的时间，若竞争者已经有了同样的思想，并把产品已推向市场，那么机会之窗也就关闭了）；第四，必须有必要的资源（人、财、物、信息、时间）和技能。

在上述四项重要特征中，能吸引顾客是条件。只有对顾客有吸引力，才可能具有良好的市场预期或市场前景，才能有创造超额经济利润的潜力，从而对创业者产生强大的吸引力、引发强烈的创业欲望；在商业环境中行得通是前提。"行得通"说明这种创业机会适合创业者所处的市场环境，且往往不需要太多起始投入，创业机会应当是创业者有条件加以利用的市场机会，且市场（或潜在市场）的成长性好；机会之窗存在的期间被实施是指创业的时间期限，即时机。

创业机会一般会持续一段时间，但也不会长久存在，特定的创业机会仅存在于特定的时段内，创业者务必要把握好这个"黄金时间段"，正所谓"机不可失，时不再来"；最后，必须有必要的资源和技能，这是物质基础。有了必备的物质基础，创业者才可能有条件地加以利用，并经由重新组合资源来创造一种新的目的—手段关系，从而为消费者或终端用户创造或增加价值的产品、服务或业务，创业才可能成功。

四、创业机会来源

管理大师德鲁克在《创新与企业家精神》书中认为,变化提供了人们创造新颖且与众不同事物的机会,而创业机会有七大来源。

(一)出乎意料的事件或结果

出乎意料的成功意味着该组织趋向或转向一个新的或更大的市场,须找出成功的原因,开发新产品或新服务来利用这一机遇。出乎意料的成功经常被经理们忽视,原因在于汇报系统总是查找并解释所出现的问题,而非成功。出乎意料的成功一开始往往被看作不合时宜或是问题。例如,有些医药业公司曾接到兽医提出的产品要求,但经理们却认为这不是本公司的经营范围,而推给其他公司去发展,结果公司错失良机,其他公司趁机拓展了很大市场。一个出乎意料或是突然的外部事件可能创造一个重大的机遇。

(二)不一致之处

当事情与人们设想的不同时,当某些事情无法理喻时,这通常表明存在着一种有待认识的变化。不一致之处对圈内人士来说是很显眼的,但由于它们常与世人的观点不相吻合,故而也常被忽略。创业者必须在搜寻机会的过程中广泛网罗有用的不一致之处。产业发展中不一致的经济状况是潜在的机会来源,还有事实与假设之间的不一致,产品优势与顾客期望之间的不一致,都是潜在的机会来源。对于生产集中的小型组织,例如创业型公司,不适应之处产生的机遇往往是巨大的。

(三)程序需要

经由分析作业程序,来发掘创业机会。因为,创业者往往是在力图解决创业过程中的一个瓶颈或薄弱环节,此时,针对程序的创新可以利用新技术知识或用更好的流程代替原来较为烦琐的流程,就会产生机会。

(四)产业和市场结构的变化

一个稳定的产业或市场结构可能突然地、出乎意料地发生变化,这就要求其成员做出革新以适应新环境。这些变化为圈外成员创造了显而易见的巨大机遇,也对圈内成员构成威胁。例如,在我国国有企事业单位民营化与公共部门产业逐步开放市场的大趋势中,就可以在交通、电信、能源等产业中发掘出众多的创业机会。

(五)人口状况变化

人口规模和结构上的变化,例如教育程度、年龄或某一群体数量上的增加,往往显而易见,可以预测。这些变化能对市场产生戏剧性的影响,但各公司却很少密切监控或在日常决策中考虑到人口变化。由于人口变化易于发现却又常常为决策者忽视,这就必然地提供出许多新的市场机会。

(六)观念或情绪的变化

人们对自己的看法若发生转变,也能创造机遇。立足已稳的公司往往难以认识到人们看法上的转变,因此,基于观念转变上的创新往往很少有竞争对手。观念上的变化难以查找—因事实并未改变,只是事实的内涵改变了。出乎意料的成功或失败可能意味着观念上的变化,进行观念上的调查常可找出已变化的观念并确定拥有者的数量。

(七)新知识

将这一机会来源列于最后,是因为它难以管理、无法预见、花费较高,而且有生产准备时间长的特点。不过,目前多数组织在各种来源中首先强调新知识,因为它引人注目、令人兴奋。要注意,以新知识为基础的创业经常会失败,因为一个领域的突破经常需要其他各领域同时突破,新知识才能发挥其作用。由于新知识要求在技术和社会各领域都与其协调一致,所以一个组织难以成功地引进以新知识为基础的创业。惠普和英特尔公司都坚持生产以新知识为基础的创新产品,就是成功的例子。但其他不具备雄厚技术力量以及并未在科研中长期处于领先地位的公司,最好努力寻找其他创新来源的开发战略，新知识则是末选。值得注意的是，有学者曾指出，应当从不同市场类型的角度考察机会的不同来源。对于产品市场的市场机会，其机会来源主要有：新技术的发明所带来的新产品及新的信息；信息不对称导致的市场低效率；政治因素、规章制度的变动带来的相关资源使用上的成本收益的变化。当然，尽管大多数的机会存在于产品市场之中，要素市场中的创业机会同样不能忽视。

第二节　机会识别

一、影响因素

影响机会识别的因素任何创意都不是凭空产生或是想象出来的。创意的产生基于合适的人和合适的环境。近些年来，学术界一直努力回答为什么有人而不是别人看到机会，下面是取得共识的四类主要因素。

（一）先前经验

在特定产业中的先前经验有助于创业者识别机会。美国对公司创建者的调查报告显示，43%的被调查者是在为同一产业内公司工作期间获得新公司创意的。这个发现与美国独立工商企业联合会的研究相一致。在某个产业工作，个体可能识别出未被满足的利基市场。同时，创业经验也非常重要，一旦有过创业经验，创业者就很容易发现新的创业机会。这被称为"走廊原理"，即指创业者一旦创建公司，就开始了一段旅程，在这段旅程中，通向创业机会的"走廊"将变得清晰可见。这个原理提供的见解是，某个人一旦投身于某产业创业，将比那些从产业外观察的人，更容易看到产业内的新机会。

(二)认知因素

有些人认为,创业者的"第六感"使他们能看到别人错过的机会。多数创业者以这种观点看待自己,认为自己比别人更"警觉"。警觉很大程度上是一种习得性的技能,拥有某个领域更多知识的人,倾向于比其他人对该领域内的机会更警觉。例如,一位计算机工程师,就比一位律师对计算机产业内的机会和需求更警觉。有些研究人员认定,警觉不仅是敏锐地观察周边事物,还包括个体头脑中的意识行为。

(三)社会关系网络

个人社会关系网络的深度和广度影响着机会识别。建立了大量社会与专家联系网络的人,比那些拥有少量网络的人容易得到更多的机会和创意。一项对65家初创公司的调查发现,半数创建者报告说,他们通过社会关系得到了商业创意。一项类似的研究,考察了独立创业者(独自识别出商业创意的创业者)与网络型创业者(通过社会关系识别创意的创业者)之间的差别,研究人员发现,网络型创业者比独立创业者识别出多得多的机会,但他们不太可能将自己描述为特别警觉或有创造性的人。在社会关系网络中,按照关系的亲疏远近,我们可以大致将各种关系划分为强关系与弱关系。强关系以频繁相互作用为特色,形成于亲戚、密友和配偶之间;弱关系以不频繁相互作用为特色,形成于同事、同学和一般朋友之间。

研究显示,创业者通过弱关系比通过强关系更可能获得新的商业创意,因为强关系主要形成于具有相似意识的个人之间,从而倾向于强化个人已有的见识与观念。在弱关系中,个人之间的意识往往存在着较大差异,因此某个人可能会对其他人说一些能激发全新创意的事情。

(四)创造性

创造性是产生新奇或有用创意的过程。从某种程度上讲,机会识别是一个创造过程,是不断反复的创造性思维过程。在听到更多趣闻轶事的基础上,你会很容易看到创造性包含在许多产品、服务和业务的形成过程中。

二、机会识别过程

(一)掌握信息

创业机会来源于某种信息,创业者或潜在创业者平时要能养成不断地留意、收集各种有关机会信息的好习惯,这对创业者事业发展会有帮助。信息渠道通常是很多的,如广播电视、报纸杂志、国际互联网等传播媒体,可以是专业书籍、资料,也可以是专家讲授、街谈巷议、朋友交流等所见所闻。那么,创业者究竟要掌握哪些重要的信息呢?创业者要想有计划地掌握创业机会信息,通常可以通过以下渠道。

第一,消费者。消费者是公司产品需要面对的最终购买者,如何直接到消费者中间去,让消费者表达自身的观点,分析消费者的市场需求特征,是创业者要走的重要一步,同时也是创业机会的重要信息来源。很多创业者自认为很了解新公司面对的细分市场的消费者,而事实是,往往以自身的感觉替代了消费者的感觉,或者以点概面,不能客观地、系统地分析消费者的市场需求,导致自身的产品市场不对路。很多创业者都是通过和消费者的交流来获取意想不到的创业机会信息。对于创业机会的好与坏,新产品的市场大与小,消费者具有最终的决定权。创业者需要保持足够的敏感性,对随着时间推移变化中的消费者的需求变化有清楚的认识,对于消费者不断涌现出来的新生需求能够快速地识别。创业者需要从消费者对新公司的产品评价甚至抱怨中获得创业机会的信息,很多创业机会如果不是消费者,很难有切身感受,即使相同地区、职业、社会地位的消费者,也有各种不同的市场需求。在日常生活中留意身边的消费者需求,深入到其中去,对身边任何消费者的市场需求保持敏感性,是成功的创业者获取创业机会的重要信息来源。

第二,现有公司。创业者在初步确定了自己的创业方向后,创办的公司所处产业内的现有公司是创业机会的另外一个重要信息来源。创业者对产业内现有公司的产品或服务进行追踪、分析和评估,能够找到现有公司的产品或服务存在的可能缺陷,从而有针对性地制定更加有效的改良手段,或者发掘产业内现有公司尚未涉足或者相对比较羸弱的领域创业者不仅可以在现有公司的市场中发掘有关创业机会的信息,而且也可能发现其他领域的相关创业机会信息。

第三,政府机构。在我国,政府部门是创业机会的重要信息来源,政府制定法律、法规和各种发展规划,对于新公司的生成有时起着决定性的作用,相关政策的变化,往往意味着创业机会的产生。政府本身并不参与市场,但新公司的经营是处于政府的种种法律、法规管制之中的,政府的法律和政策是人们发生经济行为的指针,创业者更是要顺应法律和政策的动向,去寻找和把握创业的机会。特别是在社会处于转型或变革之际,政府在产业发展等方面的法律或政策出现调整变化,实际上就是对产品或服务的范围和结构进行新的调整,在这种情况下,新的创业机会必然出现。

第四,研发机构。研发可以是在大学、科研机构、公司中进行,也可能仅仅是个人行为。很多科研机构或者大学都拥有很强的研发能力,但由于种种原因而没有实现产业化,或者没有发挥有关研究成果的最大效用,创业者将其重新包装和推出,往往可以取得出人意料的效果。我国最早的一批软件公司就是一些程序员以出售自己的研发成果而开始创业的,美国的硅谷更是科技创业者的天堂,创业者不仅可以自己研发,也可以通过和其他研究者的合作获得创业的思路。

(二)善于观察

作为经常性的有关总体市场变化情况的分析,通常从下列几个方面来观察。

第一,他人的成功经验。许多创业者在有了自己的创业梦想后,常常会陷入不知道如何观察、分析创业机会或无从下手的境地。虽说成功创业者的经验不能放之四海而皆准,但学习成功创业者的优点与长处却可以使其他创业者的思维更开阔，遇到创业机会也能更容易把握。

第二，市场竞争情况。观察分析潜在竞争者、替代品竞争者、行业内原有竞争者的基本情况，确切实际地了解新公司是否能赢得赖以维持经营所需的足够数量客源、销售额乃至利润。现实中，一旦某个创业机会逐渐显露出来，就会有不少的创业者、竞争者蜂拥而来，这是经常出现的现象。但是，倘若某个创业者想利用特定机会并获得创业的成功，他就必须具备与其他创业者、竞争者相互竞争的能力。

第三，自身具体情况。即使某个创业机会是一个很有前景的机会，但对于特定的创业者而言，他仍然还需要进一步分析机会的现实性，判断"这一机会是否是自己能够加以利用的创业机会，是否值得自己开发这一机会"。

对创业者而言，为了能做出理性的判断，还应该考虑以下几个问题。

第一，观察自身是否拥有利用创业机会所需的关键资源。面对创业机会，企图利用这一机会的创业者不一定要拥有所需的全部资源，但其一定要拥有利用这一机会的关键资源，如新公司相应的运营能力、技术设计与制造能力、公共关系、营销渠道等。否则，要么创业无法起步，要么在创业过程中会受制于他人。

第二，观察自身是否能够"构建网络"跨越"资源缺口"。在多数情况下，在特定的创业机会面前，新公司不可能拥有创业所需的一切资源，但它需要有能力在资源的拥有者与自身之间建立网络，以弥补相应的资源禀赋不足之处。在市场经济中，创业者只要善于建立网络补足资源缺口，整合利用创业所需资源，就有创业成功的可能。

第三，观察是否存在可以开发的新增市场以及可以占有的远景市场。理性地判断，某个创业机会是否值得创业者利用，除了要有足够大的原始市场规模外，其市场也应是潜在可创造、可扩展的，拥有良好的成长性，存在远景市场。创业者真正可把握的是"可开发的市场部分"，而不是

"顺其自然成长的市场部分"

第四，观察利用特定机会存在的风险是否是可以承受的。显然，创业者要想利用某个创业机会，他就必须具备利用该机会的风险承受能力，主要包括财务风险、法律风险、技术风险、政策风险、市场风险和宏观环境风险等方面的承受能力。就特定的创业者而言，如果利用特定创业机会的风险是该创业者不可承受的，而创业者硬要知难而进，在创业之初就可能自取灭亡。

（三）冷静分析

想要及时了解市场变化情况，或者说对市场变化保持敏感的触觉，唯一办法就是做好经常性的市场调查分析工作。许多大公司通常设有专职部门负责进行此项工作。当然，创业者通常难以仿效它们的做法，不过也可以采用其他途径和方法进行此项工作，如果运用得当，同样会收到良好的效果。这些途径和方法有：经常订阅有关行业的各种报纸杂志，及时了解最新消息；参加行会及其他专业性的社团组织，争取机会多参加某些贸易展销会之类的公众集会；经常监测所组织的各类营销业务活动的效果，察悉变化情况，查明之所以会造成销售增长或销售衰退的原因；对于任何一种营销新观念、推广新方法、广告新技术或传媒新方法等，应先经实验，而后再选用，要断然采用减少损失的各种措施。

虽然创业机会有显性的和潜在的之分，但大多数情况下，创业机会又不是一成不变的，而是动态复杂的，好的创业机会和不好的创业机会往往只有一步之遥。那么，这就对创业者提出了更高的要求，他们必须对市场及未来的发展趋势做出准确的分析，并在此基础上进行充分的准备。"凡事预则立，不预则废"，创业者只有做好市场分析，准确把握市场未来发展的方向，才能赢得更多更好的创业和成功的机会。纵观国内外许多成功的创业者，大多数都是经过对市场趋势的准确、冷静分析而获得创业机会并走上成功之路的。

（四）捕捉机会

第一，从市场供求差异中捕捉创业机会。

在市场经济条件下，宏观供求总是有一定差异的，这些差异正是创业者的创业机会。创业机会存在于为顾客创造价值的产品或服务中，而顾客的需求是有差异的。创业者要善于找出顾客的特殊需要，盯住顾客的个性需要并认真研究其需求特征，这样就可能发现和把握商机。还有为数不少的创业者追求向行业内的最佳公司看齐，试图通过模仿快速取得成功，结果使得产品和服务没有差异，众多公司为争夺现有的客户和资源展开激烈竞争，公司面临困境。所以，创业者要克服从众心理和传统习惯思维的束缚，寻找市场空白点或市场缝隙，从行业或市场在矛盾发展中形成的空白地带把握机会。

第二，从市场的"边边角角"捕捉创业机会。边角往往容易被人忽视，而这也正是新公司可以利用的空隙。创业机会无时不有，无处不在，许多机会甚至俯拾即是，但机会又转瞬即逝。因此，想要捕捉创业机会，必须不断强化机会意识，随时留意身边发生的各种事情，同时要具有敏锐的洞察力和超前意识，于一般人熟视无睹或见惯不惊的细微小事中，捕捉到有利可图的创业机会。中小型公司，尤其是小型公司，要充分发挥灵活多样、更新更快的特点，瞄准边角，科学地运用边角，另辟蹊径，通过合理的经营，增强自己的竞争实力，最终达到占领目标市场的目的。

第三，从竞争对手的缺陷中捕捉。创业机会很多创业机会是缘于竞争对手的失误而"意外"获得的，如果能及时抓住竞争对手策略中的漏洞而大做文章，或者能比竞争对手更快、更可靠、更便宜地提供产品或服务，也许就找到了机会。为此，创业者应追踪、分析和评价竞争对手的产品和服务，找出现有产品存在的缺陷，有针对性地提出改进产品的方法，形成创意，并开发具有潜力的新产品或新功能，就能够出其不意，成功创业。

第四，从市场变化的趋势中捕捉创业机会。产业的变更或产品的替代，既满足了顾客需求，同时也带来了前所未有的创业机会。比如，电脑诞生后，软件开发、电脑维修、图文制作、信息服务和网上开店等创业机会随之而来。任何产品的市场都有其生命周期，产品会不断趋于饱和达到成熟直至走向衰退，最终被新产品所替代，创业者如果能够跟踪产业发展和产品替代的步伐，通过技术创新则能够不断寻求新的创业机会。变化中常常蕴藏着无限商机，许多创业机会产生于不断变化的市场环境。环境变化将带来产业结构的调整、消费结构的升级、思想观念的转变、政府政策的变化、居民收入水平的提高等。创业者透过这些变化，就会发现新的机会。

任何变化都能激发新的创业机会，需要创业者凭着自己敏锐的嗅觉去发现和创造。许多很好的创业机会并不是突然出现的，而是对"先知先觉者"的一种回报。聪明的创业者往往选择在最佳时机进入市场，当市场需求爆发时，他已经做好准备。此外，追求"负面"也会找到机会。所谓追求"负面"，就是着眼于那些大家"苦恼的事"和"困扰的事"。因为是苦恼，人们总是迫切希望解决，如果能提供解决的办法，实际上就是找到了创业机会。

三、信息搜集分析

机会的存在是由于像技术、产业结构、社会和人口趋势以及政治与制度等方面的信息发生了改变。这说明，获取信息以及相应的信息处理能力是识别创业机会的关键所在。获取别人难以接触到的有价值信息与具备优越的信息处理能力共同构成创业者发现创业机会的前提条件。

(一) 获取别人难以接触到的有价值信息

有些人比其他人更善于获取关于那些提供创业机会的变革信息。其中，有几个因素非常重要，成功的创业者往往正是利用这些因素来识别有价值的机会。首先，有些人在社会关系网络中处于更佳的位置。因为信息总是通过人们的社会关系纽带进行传播，所以，在社会关系网络中占据有利位置能使某人获得他人无法获得的信息。另外，强有力的社会纽带使人们更愿意相信在不确定条件下传输的信息，这加快了信息从一个人到另一个人的传播速度。人们发现，要知道所听到的信息是否正确是一件困难的事情。例如，一项被称为"油变水"的技术发明究竟是真的，还仅仅是一个骗局？为了判断信息是否正确，大多数人都依赖朋友或他们所信赖的人。因此，对于能提供创业机会的那些关键变革的信息源，拥有强有力的社会纽带的人通常能够获得他人无法获得的信息。

其次，个体的工作或生活圈子使他们比他人更接近于能提供创业机会的变革信息。就创办高科技公司而言，在研究开发和市场营销方面的工作对获取那些能提供创业机会的变革信息显得特别有用。研究开发工作提供了关于新发明的技术信息，而这种新的技术能为新公司的创立提供机会。市场营销工作能提供关于顾客偏好或者未被满足的顾客需求方面的信息，因此，这些工作是非常有益的，它们将人们投入到信息流中，帮助他们了解创办新公司的机会。

但这并不是说其他工作不能使人们获取关于创业机会的信息，虽然市场营销和研究开发工作一般来说为人们提供了更多的信息，但实际上恰当的信息依赖于机会的本质。例如，一个会计可能了解到开办一家财会软件公司的机会，因为他在一家公司的财务部门工作，而不是在市场营销或者研究开发部门工作。但是，一般来说，研究开发工作和市场营销工作比起其他工作能够提供更多的关于创业机会的信息。

在某些特殊情况下，有些人能够获得那些他人无法获得的关于提供创业机会的变革信息，也可能是因为他们注意搜索这些信息，但是为了找到技术或者市场问题的解决方案而做出的有目的的努力可以为机会源提供有价值的信息。例如，许多大学中的生物技术研究者目前正在寻找癌症的治疗方法。他们知道，如果找到了治疗癌症的某种方法，他们就可以利用这个机会创办一家企公司。实际上，他们寻找的正是创业机会源。

最后，有些人可能因为具有创业警觉，从而使其获取别人看到了却没有引起注意或者注意到了但却没有引起触动的信息。最早使用警觉这一术语来解释创业机会识别的是奥地利经济学家柯兹纳，他认为任何一个被创业者所甄别的机会都来源于其对环境中有关客体、事件和行为方式等信息的高度敏感性和关注倾向。创业警觉不仅仅是一种先天禀赋，也是个体多年实践中学习积累和沉淀出来的认知特质，是一种复合的有机能力。敏锐的洞察力和机会意识是形成创业警觉的认知前提，洞察力通过选择性编码、选择性联合、选择性比较，充分调动认知资源和知识储备，比较以往决策情境和新的决策情境，形成机会意识。在偏好、资源和生产条件不断变化的经济系统中，创业警觉能导致一系列连续的发现过程，使经济系统从非均衡向均衡状态演变。必重要概念：创业警觉本质上是一种个体的禀赋，是对信息的敏锐把握和解读能力，受到个体创造力、先前知识与经验、社会关系网络等因素影响。尽管创业警觉在很大程度上取决于先天因素，但是通过后天努力仍能够提升个体的创业警觉水平。

有一项研究就表明，个体市场知识、市场服务方式知识以及顾客问题知识能够明显改善个体的创业警觉，提高个体识别并发现与其知识结构相吻合的创业机会可能性。

（二）具备优越的信息处理能力

获取别人难以接触或忽视的信息是发现创业机会的必要条件，在此基础上，创业者还必须具备相应的信息处理能力，能够看到信息背后的商业价值和含义，从而发现创业机会。智力结构来自经验的反复提炼，使人们具有组织和利用信息的能力，个体智力结构可能影响其信息处理能力，并帮助他们识别创业机会。研究显示，无论是对于顾客还是供应商，关于市场的领先知识以及关于如何为这些市场提供服务的领先知识是有助于发现创业机会的智力结构的重要来源。

保持乐观的心态能帮助个体锤炼信息处理能力，因为它能使个体首先看到的是信息中蕴涵的机会，而不是风险。因为个体不能确定新的产品是否能被创造出来，人们是否愿意购买这种产品，或者竞争对手是否会通过模仿创业者的新产品或新服务来争夺收益，所以蕴涵新产品和新服务的机会具有高度的不确定性。这意味着，识别创业机会要求创业者愿意看到充满着不确定性的机会中的潜力，而不是因仅看到不确定性和风险而止步不前。

敏锐的洞察力是提高信息处理能力的催化剂。所谓洞察力，就是深层次分析、解决问题及把握大局和未来发展趋势的能力。在信息泛滥的时代，缺乏的往往不是信息，而是见解和洞察力。拥有洞察力，创业者就可以在别人看不到的地方看到无形事物和事物的无形价值，就可以看见现状是微不足道的趋势性东西，就能根据事情的一点苗头，感觉事物的发展趋势，预测和把握公司发展的方向。

四、识别机会的方法

当前，有多种多样的技术和方法可以帮助创业者识别创业机会，最常用的主要有以下四种方法。

（一）新眼光调查

当阅读某人的发现和出版的作品时，实际上就是在进行二级调查。利用互联网搜索数据，寻找包含你所需要信息的报纸文章等都是二级调查的形式。进行全面的二级调查将为进行初级调查做好准备，因为二级调查可以让创业者明确应该注意哪些问题以及如何才能更快切入问题的核心。同时，通过不断获取信息，也将开始建立自己的直觉，"新眼光"也将不断发展。上网了解世界各地的实时动态情况，比如了解进出口的产品，可以在所在社区取得成功的服务业务，可以进入的新市场。当通过二级调查对行业、顾客、供应商和竞争对手有了基本的了解之后，就可以开始进行初级调查了。

"新眼光",调查可以提供很多看问题的新方法。训练自己的大脑,接受新的想法、新的信息、新的统计数据、新人和这个日益变化的世界;观察一切,把想法记录下来。想法越多,就越有可能找到最适合自己的业务和自己的目标市场。

(二)通过系统分析发现机会

实际上,绝大多数机会都可以通过系统分析得以发现。人们可以从公司的宏观环境(政治、法律、技术、人口等)和微观环境(顾客、竞争对手、供应商等)的变化中发现机会。借助市场调研,从环境变化中发现机会,是机会发现的一般规律。

(三)通过问题分析和顾客建议发现机会

问题分析从一开始就要找出个人或组织的需求及其面临的问题,这些需求和问题可能很明确,也可能很含蓄。创业者可能识别它们,也可能忽略它们。问题分析首先问"什么才是最好的",一个有效并有回报的解决方法对创业者来说是识别机会的基础。这个分析需要全面了解顾客的需求,以及可能用来满足这些需求的手段。一个新的机会可能会由顾客识别出来,因为他们知道自己究竟需要什么。然而,顾客就会为创业者提供机会,顾客建议多种多样,最简单的,他们会提出一些诸如"如果那样的话不是会很棒吗"这样的非正式建议。还有,他们可以有选择地采取非常详尽和正式的短文形式,例如,如果顾客是一个组织,巨额支出就得包括在内。一些组织在将其需求"反向推销"给潜在供应商的过程中非常积极。无论使用什么样的手段,一个讲究实效的创业者总是渴望从顾客那里征求想法。

(四)通过创造获得机会

这种方法在新技术行业最为常见,它可能始于明确拟满足的市场需求,从而积极探索相应的新技术和新知识,也可能始于一项新技术发明,进而积极探索新技术的商业价值。通过创造获得机会比其他任何方式的难度都大，风险也更高。同时，如果能够成功，其回报也更大。这种情况下所产生的创新在人类所具有重大影响的创新中，居于压倒性的主导地位。

第三节 机会评价

尽管发现了机会，有了有价值的创意，但并不意味着要创业，更不意味着成功就在眼前。首先，并非所有的机会都有足够大的价值潜力来填补为把握机会所付出的成本，包括市场调查、产品测试、营销和促销、雇用员工、购买设备和原材料等一系列与机会开发活动相关的成本，还包括为创业所付出的时间、精力以及放弃更好工作机会而产生的机会成本。研究发现，创业者的创业机会成本越高，所把握的创业机会的价值创造潜力就越大，所创办的新公司的成长潜力也就越高。其次，并非所有机会都适合每个人，一位资深律师可能因为参与一场官司而发现了一个高科技行业内的机会，但是，他不太可能放弃律师职业而进入高科技行业创业，因为他缺乏必需的技术知识和在高科技行业内的关系网络。换句话说，即使看到了有价值的创业机会，个体也可能因没有相应的技能、知识、关系等而放弃创业活动，或者把机会信息传递给其他更合适的人，或者是进一步提炼加工机会从而将其出售给其他高科技公司。学者们逐渐认同创业活动是创业者与创业机会的结合。其核心观点是，一方面，创业者识别并开发创业机会；另一方面，创业机会也在选择创业者，只有当创业者和创业机会之间存在着恰当的匹配关系时，创业活动才最可能发生，也更可能取得成功。

一、机会评价目标

（一）认识机会的价值

创业机会评价无论是对创业主体还是对风险投资商而言，都是一个挖掘创业机会价值的过程。一个创业机会是否能够成为一个可以开发的机会，其根本标准是创业机会本身是否能够给消费者带来持续的商业价值。因此，创业机会评价目的是挖掘其潜在商业价值。

(二) 减少创业风险

风险与价值是同时存在的，创业被理解为在不拘泥于当前资源条件的限制下对创业机会的捕捉与利用，对于创业者来说，创业资源往往是紧缺的，创业环境往往是不确定的。因此，如何规避创业风险是创业者所关注的首要问题。创业机会评价就是对商业概念的价值和风险进行全面的评估，从而最大程度上规避风险，创造价值，提升创业成功率。

(三) 吸引风险投资

对于创业者而言，创业资金通常是紧缺的，吸收风险投资能够促进创业机会的开发，而风险投资商需要对创业者提供的创业机会到创业计划进行科学的评估，这评估甚至很苛刻。正是基于这种考虑，将风险投资商的评价和创业者的评价结合起来考虑，既能作为创业者评价创业机会的标准，又能为风险投资商进行风险投资评价提供一定的借鉴，为吸收风险投资基金打下基础。

二、机会评价策略

虽然创业活动本身就是一种干中学、学中干的高风险活动，而且失败是奠定下一次创业成功的基础，但是对于这些市场进入时机不对，先天体质不良或具有致命缺陷的创业机会，如果创业者能先以相对客观的方式做评价，那么许多创业失败的结局就不至于屡次发生，创业成功的概率也可以随之而提高。针对如何评价创业机会，需要构建一套包括效益、市场、策略三大要素的评价策略。

(一) 效益评价

第一，资本需求。创业者一般都会比较喜欢资金需求量相对较低的创业机会。现实中，许多创业行为个案都表明，资本需求过高的创业机会并不利于创业者成功，甚至还会带来稀释投资回报率的负面效应。通常，知识密集度越高的创业机会，对资金的需求量就越低，投资回报反而会越高。因此，在创业开始的时候，并不需要募集过多的资金，可以尝试通过盈余积累的方式创造资金。而比较低的资本额，将有利于提高新公司盈余，并且可以进一步提高公司未来上市的价格。

第二，盈亏平衡所需的时间。达到盈亏平衡的时间应该是公司创办后的两年以内，但如果三年还没有达到盈亏平衡，恐怕就不是一个值得创业者利用的创业机会。不过，有的创业机会的确需要经过较长的酝酿时期，通过前期的投入，可以保证后期的持续获利。

第三，资本市场活力。如果新公司处在具有较高活力的资本市场中，其获利机会相对就比较高。不过资本市场的变化幅度大、频率高，在资本市场高点时创业，资金成本相对比较低，筹资相对比较容易。但若在资本市场低点，创办公司的诱因较低，好的创业机会也较少。通常而言，新公司在活跃的资本市场比较容易创造业务增值效果，因此资本市场活力也是一项能用来评价创业机会的外部环境指标。

(二)市场评价

第一，市场规模。市场规模的大小与发展速度，也是影响新公司成败的重要因素。一般而言，在市场规模大的产业中创业，障碍相对较低，市场竞争激烈程度也会相对较低。如果创业者将要进入的是一个比较成熟的市场，市场规模纵然很大，但由于市场规模已不太可能再增长，利润空间相对就比较小，因此这种创业机会恐怕就不值得再利用。反之，一个正在成长中的市场通常会是一个充满机会的市场，所谓水涨船高，只要进入时机正确，就会有较高的获利空间。

第二，市场定位。通常而言，好的创业机会都具有特定的市场定位，专注于满足消费者需求，同时能为消费者带来增值。因此评价创业机会时，可由新公司市场定位是否明确、消费者需求分析是否清晰、流通渠道是否通畅、产品是否能持续衍生等，来判断创业机会可能创造的市场价值大小。新公司带给消费者的价值越高，创业成功的机会也就越大。

第三，市场渗透力。对于一个具有巨大市场潜力的创业机会而言，市场渗透力（创业机会实现的过程）评价对创业者来说，是一个非常重要的影响因素。成功的创业者知道如何选择在最佳时机进入市场，也就是市场需求正要大幅上涨的时候，创业者已经做好准备。

第四，市场占有率。从创业机会可能取得的预期市场占有率目标可以看出新公司未来的市场竞争力。常规而言，要成为行业市场的领导者，新公司至少需要拥有的市场占有率应达20%以上。但如果市场占有率低于5%的话，则这家新公司的市场竞争力比较低，这也就相应地会影响新公司未来的市场价值。尤其是处在高科技产业，新公司要有成为市场领导者的核心能力。

（三）策略评价

一个有吸引力的创业机会，通常都需要具有一定的策略把握，而这些策略往往能够成为未来成功的影响因素。发掘创业活动是否具有特色，制定相应的对策，也是创业机会评价不可或缺的工作。

第一，商业模式组合。主要测评新公司在创业机会、创业者、创业资源三个要素间是否能够形成良好的匹配关系，也就是说这项创业活动是否是在因缘际会与天时地利人和的情况下形成的，并且将创业者、资源与机会之间在创业过程的不同阶段进行最佳的匹配。

第二，策略弹性。成熟型公司相比于成长型公司的最大弱点就是决策比较缓慢，尤其是在调整经营策略方向的时候，往往要经过较长时间的内部冲突，成长型公司则相对比较灵活。新公司成长历史短，包袱较少，决策速度转快，弹性较大，因此策略弹性将会成为新公司的竞争优势。对于创业机会的评价，当然也要看创业者在面临创业环境变化的时候，其创业决策方面能做出怎样快速的应对。

第三，进入时机。如果能掌握创业机会窗口打开的时机，采取适当的进入策略，那么新公司成功的概率也将会获得大幅度的提升。因此，基于创业机会的创业者对于市场进入时机的准确拿捏，也是一项重要的策略特色。除了以上评价策略以外，现金流评价策略也是创业者或团队可以用来评价创业机会的一个简单实用的手段。可通过分析与比较不同创业机会之间现金流的预期大小来判断创业机会的优劣，创业现金流入越大的机会，风险相对就越小。现金流评价法的优点是容易、简单、实用，缺点是只注重眼前利益，对新公司长远的发展及赢利能力缺少评价。创业机会的评价还需要考虑可实现度，无论特定创业机会可能的现金流有多大，如果在实现的可能性上有较大的难度，那么它同样也不是一个好的创业机会。创业者如果一心好高骛远而不考虑是否具有现实性，那么即便拥有一个潜在收益巨大的创业机会，也可能会等不到有能力获取这一收益，就已经创业失败了。就好比创业者拥有一个巨大的金矿却没有开挖的工具一样。因此，在比较不同创业机会时，不仅要考虑现金流，还要考虑可实现度，可实现度差的创业机会，即便潜在收益巨大也不是创业初期的首选机会。

三、机会评价方法

对创业机会的评价事实上是预期创业过程中将遇到的问题，因此是一种前瞻性的评价。而事情的发展往往是出人意料的，创业的过程中将会遇到许多的问题。许多问题无法精确，这就给机会的评价增加了很大的难度。因此定性的评价方法在创业机会评价方面是一种主要的方法。下面对三种主要的创业机会定性评价方法进行评述。

（一）史蒂文森法

史蒂文森提出从以下几方面定性评价创业机会：第一，机会的大小，存在的时间跨度和随时间成长的速度这些问题；第二，潜在的利润是否足够弥补资本、时间和机会成本的投资，并带来令人满意的收益；第三，创业机会是否开辟了额外的扩张、多样化或综合的机会选择；第四，在可能的障碍面前，收益是否会持久；第五，产品或服务是否真正满足了真实的需求。

（二）朗格内克法

朗格内克指出了定性评价创业机会的五项基本标准：第一，对产品有明确界定的市场需求，推出的时机也是恰当的；第二，创业机会所形成的投资项目必须能够维持持久的竞争优势；第三，创业机会必须具有一定程度的高回报，从而允许一些投资中的失误；第四，创业者和创业机会之间必须互相合适；第五，创业机会不存在致命的缺陷。

（三）蒂蒙斯法

著名的创业学家蒂蒙斯概括了一个定性评价创业机会的框架体系，其中涉及八大类共53项指标，根据这个体系模型对产业与市场、竞争优势、经济因素、收获条件、管理团队和致命缺陷等做出判断，进而判断该创业机会的潜在价值。

四、机会评价步骤

（一）确定评价目标

确定评价目标是创业机会评价的第一步，评价目标直接影响到评价指标体系、评价方法等后续步骤的实现。在创业机会评价开始的时候，要对评价目标的特性进行充分分析，以更好地确定创业机会的影响因素，从而确定创业机会评价的基本框架。

（二）创业机会影响因素分析

影响创业机会的因素有很多，既有内部创业团队的因素，也有外部创业环境的因素；既有社会因素，也有经济因素；既有市场因素，也有社会网络因素等。从各种影响创业机会的因素中抽象出关键性的因素，便构成了创业机会评价指标体系。

(三)构建评价指标体系

创业机会评价指标体系是在对创业机会影响因素分析的基础上构建的。蒂蒙斯法的指标体系是最全面的创业机会评价指标体系,可以作为创业机会评价的属性库。在此基础上,可结合我国国情及创业机会实际情况,构建新的评价指标体系。

(四)评价方法的应用

评价方法是对评价指标的排序和量化。创业机会评价涉及很多指标,有些指标可以量化,如潜在的市场规模、市场增长率等;而有些指标不易量化,如产品的结构等。单纯的定性方法难以对创业机会的优劣进行排序,单纯的定量方法难以对决定创业机会的关键要素进行选择。因此,应在借鉴相关模型的基础上,选择定量与定性相结合的方法进行评价。

(五)评价实施

创业机会评价的实施是评价的实际操作阶段,对定量指标和定性指标进行处理,引入需要的数据和相关专家的评定,并结合相关模型,最终得到评价结果。评价实施也是对创业机会进行选择和淘汰的过程,关键是相关数据的获取和模型的选择。

(六)评价反馈

创业机会评价是一个动态的过程,其本质上是一个主观的、理论的分析过程。创业机会是否能真正成为一个成熟机会,是否可以在现实中开发,还需要进一步从实践中证明,依据创业活动实践,可以从风险规避和价值创造这两个方面对创业机会评价的结果做进一步修正。

第五章
创业策划

第一节 确立创业目标

创业目标是创业路上的航标，创业没有目标犹如航行在茫茫大海中没有灯塔和航标的船只一样，极易迷失方向。明确创业目标是创业道路上的关键一步，它决定了创业公司今后的发展方向与发展规模，是创业能否成功的基石。创业行为从本质上看是一种追求价值实现的过程。价值实现可分为个人价值实现和社会价值实现两种，生存型创业者更关注个人价值实现，而机会型创业者则两者兼而有之。

一、个人目标

个人价值的追求包括经济价值和社会地位。经济价值指创业者通过创业活动取得的经济收入，由于机会成本的存在，创业者经济价值的大小直接影响创业者创业行为的延续与创业公司的成长；社会地位指创业者的创业活动中为其个人带来的社会价值，诸如受人尊重、社会知名度提高、社会交往层面扩大、成为社会名流等。从社会与公众角度看，社会价值更值得关注。创业者的社会价值体现在为社会创造的就业岗位、公司创造的经济利润以及促进社会福利等方面。追求价值实现应当确立创业目标。创业者的目标可分为个人目标和公司目标两个层面,两者相互联系、相互区别,个人目标在很大程度上影响着公司目标。

创业本身带有强烈的个人色彩,创业者创业就是为了实现所期望的生活方式或个人价值、社会价值。通常,创业者的个人目标与公司目标是分不开的,个人目标的实现与公司目标的实现是相辅相成的。创业者个人价值实现是其创业行为的动力,也是实现其社会价值的基础。依据个人创业目标的不同,大体可以将创业者分为三种类型:迫于生存、生活压力或是为了改善自己和家人的生活条件而创业,属于生存型创业;已经拥有一定的经济基础和实力,为了获取更大的经济利益的,属于投资型创业;为了实现自己的人生理想、社会价值而决定创业的,属于机会型或事业型创业。

拟定创业个人目标不能凭一时冲动或头脑发热,应当经过慎重选择与思考。

(一)创业者的目标要尽量清晰明确、易操作和可实现

只有能够达成的目标才能称得上是真正的目标,才是有意义的目标;不能达成的目标,尽管看起来十分美好,但却因为无法实现,就像是镜中花、水中月一样虚无缥缈。只有那些能够实现的创业目标才具有真正的意义,才能使人有所收获、有所成就。

(二)创业者的目标要合理

目标的大小取决于制定目标时所处的地位。一个合理的目标不仅要远大,要让人兴奋,还应是可达到的。它不能只是一个遥远的梦想,根本无法实现,也不能是轻而易举的激励作用,好的创业目标应该是要付出一定的努力才能达到,并且这个目标能让你振奋,具有一定的挑战性,促使你努力去实现它。

(三)创业的目标要经过深思熟虑

创业目标可能是经过反复思考而决定的,也可能是儿时的梦想,还可能是通过生活经验的积累或现实的需求而产生的。它应该是一个成熟的决

定，因为一旦确定创业目标，创业者就要为实现它而拼搏奋斗。成熟长远的目标可以促使我们发挥出自身的最佳能力，激励我们去努力工作，全力以赴，走向成功。

(四) 创业的目标应该是符合自己条件和个性化的

他人成功的路可以走，但并非人人都可以走。有些路对他人来说可能是铺满鲜花的大道，但对创业者来说也许就是充满了荆棘的陷阱。如果创业者和他人的成长生存环境不同，就和他人形成了差异，这种差异就决定着创业者不能随意地踏上一条创业道路。确定创业目标也一样，创业者必须根据自己的条件，根据自身存在的环境来制定。待确切地知道自己成功的绿洲在哪里后再开始行动，才有可能获得创业的成功。

二、公司目标

在明确个人目标后，创业者应该考虑"我要建立什么样的公司"。建立了创业团队，要让大家跟你一起干，就要把你的目标变成大家的目标，把大家凝聚在一起的就是公司共同目标。大家都想做的事情，自然就形成一个利益整体，为了这个目标的实现，形成团队才有更为强大的力量。那么如何确定公司的目标，又如何使它与大家的目标相一致，进而把大家凝聚在一起共同奋斗呢？

一般而论，生活方式型的创业者往往不需要公司规模很大，当公司过于庞大时可能会使自己陷入工作的泥泽之中，妨碍创业者享受人生快乐；希望获得资本收益的创业者，往往建立足够大的公司框架，因为只有使公司达到一定的规模，创业者才能获得所期望的资本收益。

如果将创办公司视为自己毕生追求的事业型创业者，必然希望公司在经受了技术换代、雇员和客户的更迭之后仍能不断更新发展，即便有人出高价收购公司，他都会拒绝被收购。

拟定创业公司目标应当注意：

目标要远大。目标远大才能吸引更多的人参与，才能吸引更多有才能的人加盟。对于许多创业者来说，创业初期往往把"盈利"当作公司最高目标。固然公司发展必须以金钱为支持，但如果始终以追求金钱为终极目标，从长远看未免目光短浅，最终必然会陷入困境。这就是为什么很多小公司在创业起步时很团结，但发展中期团队就会出现内部分裂，造成目标不再统一，团队失去凝聚力的根由。

目标要清晰。目标是团队奋斗的希望，在前进的过程中，必然会充满很多困难和挑战，若目标不清晰，员工很容易会出现动摇，并对公司的发展前景产生怀疑。这种怀疑是创业阶段致命的管理问题。在竞争对手的打压与威胁下，员工是容易变化的，并且人的变化往往内在而含蓄，等管理者发现再采取行动时，已经晚了。

目标要与大家的利益息息相关。目标要成为团队的凝聚力，除了目标被大家认可外，还需要跟大家的利益息息相关，否则大家可能会在某一时期支持你、同情你，但不会长久跟随你，更谈不上"以身相许#因此，把公司的目标制定并分解得与每个员工息息相关，目标才具有团队的凝聚力。需要注意的是，公司目标不是一成不变的，随着公司的发展和宏微观环境的变化，公司目标应当是个动态变化、与时俱进的过程，这就要求创业者不仅要适时调整公司的目标，而且要在管理中通过适当方式传递公司决策层的信号，通过公司文化、公司绩效管理体系和公司战略管理，重新建立公司的战略目标。

三、目标选择原则

创业资金该投入哪个项目，是一种投资决策。有关业内人士给出了七大建议。

（一）做大不如做小

大型项目运行后，单位成本低、技术基础强，容易形成支柱产业，但资金需求量大，管理经营难度大。而一般的投资者，哪怕你已经是百万富翁，只要是做民间性质的投资，就宜选择投资小见效快、技术难度系数低的投资方向。近年来，发展最快的民间投资项目种类千差万别，经营方式无奇不有，但上千万的大项目却是寥寥无几。

(二) 重工不如轻工

重工业是国民经济发展的基石，轻工业却是发展的龙头。重工业投资周期长、回收慢，一般不是民间资本角逐的领域，而是国有企业的一统天下。无论是生产加工，还是流通贸易，经营轻工产品尤其是消费品，风险小、投资强度小、难度小，容易在短期内见效，因此特别适合于民间资本。

(三) 用品不如食品

民以食为天，中国人有闻名世界的饮食文化。千家万户的一日三餐，逢年过节，婚丧嫁娶，食品市场是十分庞大而持久不衰的，而且政府除了技术监督、卫生管理外，对食品的规模、品种、布局、结构，一般不予干涉。食品业投资可大可小，切入容易，选择余地大。

(四) 做男不如做女

全社会购买力70%以上是掌握在女人手中。女人不但执掌着大部分中国家庭的"财政大权"。而且相当一部分商品是由女人直接消费的，如高档时装、鞋帽、名贵首饰、化妆品等，无不是女人的世界。所以，你若在消费品领域投资，无论是生产还是销售，把你的客户定向于女人，你就会发现更多的机会。

(五) 大人不如孩子

小孩代表未来，独生子女在中国已成为一种独特的文化现象，因此中国的儿童消费品市场大有发展前景。在零售食品、用品方面，很大一部分是儿童消费品的市场。儿童消费品市场弹性大，随机购买力强，加上容易受广告、情绪、环境的影响，向这种市场投资，是一种富有生命力的选择。尤其要看到，在我国满足了小孩的需求，在很大程度上就是满足了他们父母的需求。

(六) 综合不如专业

品种丰富，大众买卖，这已经是一般投资者的思维定式。大而全、小而全的经营，是计划经济中上下认同的模式。市场经济是综合化发展的，不过这更多的是一种宏观的态势和整体格局，微观领域往往要靠专业化取胜。专业化生产和流通容易形成技术力量雄厚和批量经营的市场特色，厂商有竞争的环境，用户有较大的选择余地。

(七) 新建不如租赁

购买设备，招聘员工，这是投资者的项目上马后相继要做的事情，但投资不一定都要从头开始。经济发展到一定阶段，有许多投资项目可以利用现成的人才、设备、厂房、门面甚至管理机构等，从而缩短投资周期，节省资金。有统计资料表明，对现有项目进行技术经济改造，比完全的新建项目资金消耗要减少1/3，原材料和时间消耗要节约1/2。实现这种效果的有效投资方式就是租赁。可通过向技术、设备、建筑物等经济资源的所有者交付一定的租金，从而取得这些资源的使用权和经营管理权。"创业模式比高技术更重要，因为前者是公司能够立足的先决条件。"不管这种观点是否准确和完整，一个不争的事实是，公司必须选择一个适合自己的、有效的和成功的商业模式，并且随着客观情况的变化不断加以创新，才能获得持续的竞争力，从而保证公司的生存与发展。

第二节 商业模式选择

一、商业模式的内涵

商业模式是从全新的角度来考察公司，是一个正在形成和发展中的新的理论和操作体系，很多概念和内容尚未定位；另一方面商业模式涵盖了公司从资源获取、生产组织、产品营销、售后服务到研究开发，合作伙伴、客户关系、收入方式等几乎一切活动。关于商业模式的理论研究，归纳起来大致可以分为三类：

(一)盈利模式论

这种理论认为商业模式就是公司的运营模式、盈利模式。商业模式是一个公司如何利用自身资源，在一个特定的包含了物流、信息流和资金流的商业流程中，将最终的商品和服务提供给客户，并收回投资、获取利润的解决方案。商业模式可以有两种理解：一是经营性商业模式，即公司的运营机制；二是战略性商业模式，指一个公司在动态的环境中怎样改变自身以达到持续盈利的目的。

(二)价值创造模式论

此类理论认为商业模式就是公司创造价值的模式。商业模式是公司创新的焦点和公司为自己、供应商、合作伙伴及客户创造价值的决定性来源。商业模式是公司为了进行价值创造、价值营销和价值提供所形成的公司结构及其合作伙伴网络，以产生有利可图且得以维持收益流的客户关系资本。应当把商业模式看成是公司运作的秩序以及公司为自己、供应商、合作伙伴及客户创造价值的决定性来源，公司依据它使用其资源、超越竞争者和向客户提供更大的价值。

(三)体系论

此类理论认为商业模式是一个由很多因素构成的系统，是一个体系或集合。一个组织在何时（when）、何地（where）、为何（why）、如何（how）和多大程度（how much）地为谁（who）提供什么样（what）的产品和服务，并开发资源以持续这种努力的组合。商业模式是对公司至关重要的三种流量：价值流、收益流和物流的唯一混合体，是开办一项有利可图的业务所涉及流程、客户、供应商、渠道、资源和能力的总体构造。

三类理论从不同的角度论述了商业模式的内涵。盈利模式论从公司运营的角度切入，认为商业模式就是公司如何因应环境变化合理配置内部资源实现盈利的方式，比较浅显易懂。价值创造模式论主要从价值创造的视角来考察商业模式，认为商业模式是公司创造价值的决定性来源。体系论强调了商业模式的综合性，研究的视角更宽泛、更全面，能够从各个维度更系统地诠释商业模式的实质，应是我们研究的重点。因此，我们可以说，商业模式就是公司的动态盈利战略组合。正如有人直白地说："赚钱了才是商业模式。"

二、商业模式构成要素

商业模式是为实现客户价值最大化，把能使公司运行的内外各要素整合起来，形成一个完整的高效率的具有独特核心竞争力的运行系统，并通过最优实现形式满足客户需求、实现客户价值，同时使系统达成持续盈利目标的整体解决方案。"客户价值最大化""整合""高效率""系统""盈利""实现形式""核心竞争力""整体解决"这八个关键词也就构成了成功商业模式的八大要素，缺一不可。其中："整合""高效率""系统"是基础或先决条件，"核心竞争力"是手段，"客户价值最大化"是主观追求目标，"持续盈利"是客观结果。

三、商业模式特性

商业模式的内容十分广泛。凡是与公司活动有关的内容，几乎都可以纳入商业模式范围，如电子商务模式、鼠标加水泥模式、B2B模式、B2C模式、拍卖模式、代理模式、广告收益模式、会员模式、佣金模式、社区模式等。在人们所熟悉的商业世界中，任何一个商业组织，都有其特定的商业活动业务流程，这一业务流程汇集了物流、信息流、资金流，最终以增值的商品或服务传递到客户手中，并产生每个组织所赖以生存和发展的收益。概而言之，这一与每个商业组织相联系的业务流程或其核心环节的抽象，就是它的商业模式。一个具有吸引力、成功的商业模式，通常需要具备某些能够创造价值与竞争优势的特点，而这些特点往往影响着创业公司的成功与否，也正是商业模式评价不可忽略的重要因素。

(一)商业模式的适用性

适用性也可以称之为个性，是商业模式的首要前提。由于公司自身情况千差万别，市场环境变幻莫测，商业模式必须突出一个公司不同于其他公司的独特性。而这种独特性表现在它怎样为自己的公司赢得顾客、吸引投资者和创造利润。严格地说，一个公司的商业模式应当仅仅适用于自己的公司，而不可能为其他公司原封不动地照搬照抄。所谓商业模式，最终体现的是公司的制度和最终实现方式。在这个意义上说，模式没有好坏之分，只有是否适用的区别。适用的就是好的，适用较长久的就是最好的。

(二)商业模式的有效性

有效性是商业模式的关键要素。在经济全球化、信息化的今天，无论哪个行业或公司，都不可能有一个万能的、单一的、特定的商业模式，用来保证自己在各种条件下均产生优异的财务结果。因此，评价商业模式的好坏，最根本的一条在于它的有效性。可以认为，有效的商业模式是公司在一定时期、一定条件下，能够选择的为自己带来最佳效益的有效的盈利战略组合。根据埃森哲咨询公司对70家公司的商业模式所做的研究分析，这种盈利战略组合应当具有以下三个共同特点。

第一，独特价值。有时候，这个独特价值可能是新的思想；而更多的时候，它往往是产品和服务独特性的组合。这种组合要么可以向客户提供额外的价值，要么使得客户能用更低的价格获得同样的利益，或者是用同样的价格获得更多的利益。

第二，难以模仿。公司通过确立自己与众不同的商业模式，如对客户的悉心照顾、无与伦比的实力等，来提高行业的进入门槛，从而保证利润来源不受侵犯。

第三，脚踏实地。脚踏实地就是实事求是，就是把商业模式建立在对客户行为的准确理解和把握上。所以，有效的商业模式是丰富和细致的，并且它的各个部分要互相支持和促进，改变其中任何一个部分，它就会变成另外一种模式。搞得不好，就可能影响它的有效性。

（三）商业模式的前瞻性

前瞻性是商业模式的灵魂所在。商业模式是与公司的经营目的相联系的，一个好的商业模式要和公司长远的经营目标相结合。商业模式实际上就是公司为达到自己的经营目标而选择的运营机制。公司的运营机制反映了公司持续达到其主要目标的最本质的内在联系。公司以盈利为目的，它的运营机制必然要有确保其成功的独特能力和手段——吸引客户、雇员和投资者，在保证盈利的前提下向市场提供产品和服务。但是，仅仅如此是不够的，因为这只是商业模式的"现在时"，而商业模式的灵魂和活力则在于它的"将来时"，即前瞻性。也就是说，公司必须在动态的环境中保持自身商业模式的灵活反应、及时修正、快速进步和快速适应。一句话，就是具有长久的适用性和有效性，以达到持续盈利的目的。

四、选择商业模式应当注意的问题

每一个公司都有成功的梦想，每一个成功的公司都有成功的模式，因此任何一个新办的公司或处于困境中的公司都应该找到属于自己的、唯一的成功的商业模式，而不是简单的复制。因此，我们在选择商业模式时要注意以下几个问题。

（一）注重公司经济要素中的智力资本

衡量一个公司的经济价值正在或即将发生很大的改变。公司必须提供整体性解决顾客问题的方案，创造价值链。公司不仅是卖产品的组织，更是卖智慧的组织。公司必须告别旧的生产要素，从而发展新的生产要素，尤其是智力资本。一般而言，公司可持续竞争优势主要来源于以下四个方面的智力资本。

第一，市场资源。即公司所拥有的与市场相关联的可以获得潜在利益的无形资产，包括品牌、营销网络和渠道等。

第二，技术资源。即公司的生产技术原理、专利权、商标、知识产权及技术诀窍等。

第三，人力资源。即公司每个员工的优秀品质和能力的总和，包括领导和员工的技术专长、创造性解决问题的能力、领导能力、开拓能力、管理技巧和团队精神等。

第四，组织管理资源。即公司采用的用来保证公司正常运转的管理机制和方法，如公司的激励机制、协调和控制水平以及信息获取和处理能力等。

（二）重视知识的信息化和价值化

在信息时代，商业模式必须十分注重知识的信息化和价值化，否则，商业模式会因为知识的封闭、贬值而过时。知识的信息化是指通过科技将知识分门别类、组织归档，成为共享信息；知识的价值化是指通过信息技术构建知识交流、利用的管理机制。知识经济下管理的目的就是如何通过科技产生智力资本，因此对公司而言，其竞争力重点在于知识如何为公司创造经济价值，其交流模式是动态实时的交流与沟通。知识的信息化和价值化对公司降低成本并提供更多的顾客让渡价值非常重要。

知识的信息化和价值化使得商业模式形成"试探—回应"的组织效应，使得高科技公司，包括现代商业公司（现代商业公司也是高科技公司）对知识的管理、利用效率更高，对顾客的消费反馈和要求也更快地予以回应和答复，从而更加提升了顾客的价值。从更高的层面去看，还可以引领消费，使顾客走在时代前列。现代商业公司传统的竞争力已难分高下，竞争的核心阵地已逐渐移至信息处理和流通方面。只有更快更准确的信息处理、快速的信息传递和敏捷反应，才能形成竞争优势。

(三)注重管理的沟通

在新型的商业模式中，公司知识资本将跨部门共享，知识管理带来的开放平台和公共数据库信息流通，将打破工业时代以来的组织功能界限。基于工业时代的组织模式，是依照功能对号入座，而现在是拆解生产流程，产生效率，同时也将信息汇集的力量散置在各业务单位。新型的商业模式起源于知识经济下管理的共享概念，它非常注重管理的沟通。共享概念的"共享逻辑"从概念上终结了旧时代的管理逻辑。管理沟通主要包括：公司内部管理者之间、管理者与员工之间、员工之间的沟通；公司与顾客之间的沟通；公司与投资者之间的沟通；公司与供应商、制造商之间的沟通；甚至公司与竞争者的沟通都显得非常重要。

(四)降低公司成本

网络的出现，让信息的交流成本降到最低，结果改变了人类思考的方式，造就一群高度善用信息的知识管理工作者。低成本是电子商务的显著优点，也是网络公司发展的阶梯。在虚拟的网络世界里，直接销售、职能虚拟化、低廉的信息成本奠定了网络公司低成本运营的基础。商业模式重塑的目标是要极大降低交易成本。具体可以采用以下方法：

第一，战略联盟的方式降低成本。联盟成员之间相互合作，联合研究开发新产品、联合采购销售、联合推销新产品、联合售后服务等。联盟方式可以采取合资、相互持股、特许连锁经营等。联盟的建立可以集中各成员的优势，发挥巨大的规模效应，降低研究开发、推广商品、开拓市场、销售与服务等的交易成本，提高公司的抗风险能力。

第二，研究比竞争对手更好的控制支出方法，使公司永远保持竞争优势。

第三，注重价值链的成本分析，运用价值链降低成本。价值链是指一个公司的全部运作过程，可以用框图描绘成一环扣一环的活动链，它不仅包括公司内部各链式的活动，而且包括公司外部各链式的活动，如处理好与供应商、销售商之间的关系，处理好与顾客之间的关系；而且要尽量简化供应链，使链上的流动更加顺畅。价值链上各项活动之间都有密切联系，因此，从供应商的选择到产品的设计、生产流程的确定、产品的生产销售，都要加以重视，切实地对成本进行实时监控和信息反馈。

第三节　创业方式选择

创业者决心创业之前，需要考虑采取何种创业方式，是独创，合伙，还是收购（包括特许经营）。为此，要将自己的经营能力、可动用的经营性资源与可能的创业方式做一番慎重评估，才能最后做出决定。

一、独创公司

独创是指创业者独立创办自己的公司。在现代社会，随着技术进步的加快和技术周期的缩短，在一个人的有生之年，完全有可能经历"从理论研究到应用研究，再到研究开发和创建公司"这一技术创新成果商业化的全过程。因此，个人独立创业也逐渐成为一种普遍现象。

（一）独创公司的优点

独创公司的优点在于产权是创业者个人独有的，相对独立，而且产权清晰，不会与其他个人或团体产生产权上的纠纷；公司由创业者自由掌控，创业者可按自己的思路来经营和发展自己的公司，可以最大限度地发挥个人的智慧与才能；公司利润归创业者独有，无须担心他人分享；同时也不存在其他所有者，无须迎合其他持股者的利益要求和其对公司经营的干预，这都是其有利的方面。

（二）独创公司的缺点

独创公司也存在着不利的一面，主要表现在：

第一，创业者需要独自承担风险。虽然创业者个人的利益是独立的，但其风险也是独立的，创业者需要独立承担创业中的任何风险，这在激烈竞争的市场环境中，往往是极其危险的。

第二，探索性极强。由于没有经验可循，独创公司具有很强的探索性，因此对于创业者的创业精神、创业技能以及经营管理水平等都提出了更高的要求。

第三，创业资金筹措比较困难。由于独创公司在法律上不得不采取业主制的组织形式，在公司组织的存续上存在先天性缺陷。

第四，财务压力大。设立和经营公司的一切费用必须由创业者个人独立承担。因此，创业者将面对较大的财务压力。

第五，个人才能的限制。创业者个人的智慧和才能终究是有限的，独创公司设立、运营和发展过程必然会受到个人智慧、才能和关系网络的限制。

第六，缺乏优秀的管理团队。独创公司难以形成优秀的管理团队。一个好汉三个帮，任何具有较强创新与创业精神的员工都不会心甘情愿地长期服务于这样的公司，且由于高层员工不是公司的股东，他们极易与创业者离心离德。

二、合伙公司

合伙公司是指加入他人现有公司或与他人共同创办公司。创业者需仔细考虑采用这种方式发展公司的可行性，分析有助于成功的因素，解决好合伙的具体问题。

合伙公司的优点与独创公司相比，合伙公司有以下几个优势。

第一，共担风险。由于合伙公司存在至少两个或两个以上的创业者，在风险承担方面可以共同分担，在遇到困难时可以一起克服。

第二，融资较易。在合伙公司中吸纳具有融资优势的个人加入，可以减弱以至克服个人独创公司融资难的问题。

第三，优势互补。由于合伙公司的创业者为两人或更多，创业者的智慧、才能以及资源可以互补，只要团队结构合理、协调合作，即可以形成一定的团队优势。

合伙公司也存在一些问题，主要表现在：

第一，产权关系不明晰，关系难处。在我国有关创业的法律体系不完善的情况下，合伙公司往往会遇到产权关系不明晰的问题。特别是合伙创业起步之初，往往需要某些无形资产持有者的加入，但无形资产、的股份难以合理确认，且当公司发展到一定程度，无形资产提供者在公司中的地位和利益往往会遇到挑战。

第二，易产生利益冲突。合伙意味着数个人的利益交织在一起，团队成员之间的利益关系需要反复磨合，在公司设立、运营、发展中不免会产生这样或那样的利益矛盾。一旦利益关系出现了较大不协调，就可能导致公司存续和运营的危机。

第三，易于出现中途退场者。当团队内部出现了较大的利益矛盾，或是某些团队成员遇到了更好的发展机会，或者某些团队成员已有能力独立创业，以及某些团队成员对创业前景持悲观态度之时，这些成员就可能退出现有的创业团队。一旦有人退出，就可能影响整个合伙创业的进程，以致影响新创公司的发展。

第四，公司内部管理交易费用较高。常言道，人多嘴杂。公司设立、运营和发展都需要集体决策，如果团队内部沟通不好，关系不协调，往往形成大事小事皆议而不决的局面，就会贻误良机。

第五，公司发展目标不统一。由于各合伙人的商业目的不一致，可能导致在公司发展方向方面不统一。

三、收购公司

收购是指一家公司用现款、股票、债券或其他资产购买另一家公司的股票或资产以获得对目标公司本身或其资产实际控制权的行为，被收购公司仍然保持其原有的独立法人资格。有这样一种认识误区：将创业简单地理解为一定是要亲手创立一家新公司，并从小做到大。其实，投资收购现成的公司，包括既有公司并购（并购经营成功公司、收购待起死回生公司），购买他人智能（如知识产权的收购、特许经营）等方式或通过管理变革、市场拓展，引入新的商业模式，将经营已经稳定或有一定规模的公司改造成适应新的市场环境所需要的公司，也是一种创业。

客观地看，创业不外乎是培育某种财富生产能力，为自己创造利润，为社会提供福利。因此，投入资金，通过产权交易，直接变他人的财富制造能力为己所有，也不失为创业的可行途径。

收购现有公司的优点是公司已具备基础，所有资源包括商誉、产品、客户、广告促销等已经具备一定的条件，可变因素较易掌控，因此更能节省创业者的时间及开办成本。近年来，国内已经有不少创业者通过收购现有公司，使其扭亏为盈或实现超常发展，在体现自己的价值的同时，迅速完成了创业初期的资金积累，这对于资金少却期望利用现有条件迅速积累资本的人来说，收购现有公司是一个可行的方法。

(一) 收购公司的优点

第一，迅速进入。新创公司进入市场时总会遇到这样那样的障碍，诸如技术壁垒、规模壁垒、市场分割壁垒、政府许可壁垒等。收购方式最基本的特性就是可以省掉很长的时间，迅速获得现成的管理人员、技术人员和设备。可以迅速地建立一个产销据点，有利于公司迅速做出反应，抓住市场机会。如果被收购公司是一个盈利公司，收购者可以迅速获得收益，从而大大缩短了投资回收年限。

第二，迅速扩大产品种类。收购方式可以迅速增加母公司的产品种类，尤其是原有公司要跨越原有产品范围而实现多元化经营时，如果缺乏有关新产品类型的生产和营销方面的技术和经验的话，采取收购方式显然更为稳妥。

第三，选择性大。目前，我国不少行业的生产能力过剩。如在轻工行业，某些产品的生产能力超过市场需求的25%，有些甚至超过100%，其他行业也有相似的情况。这就给购买他人的生产能力提供了较大的选择空间。创业者关键是要在可能的购买对象中做出恰当的选择。

第四，利用原有的管理制度、管理人员和技术。采取收购作为直接投资的方式，可以不必重新设计一套适合当地情况的经营管理制度，这样可以避免由于对该领域或该地区的情况缺乏了解而引起的各种问题。收购技术先进的公司可以获得该公司的先进技术、设备和专利权，提高公司的技术水平。

第五，采用被收购公司的分销渠道。可以利用被购公司已经成形的市场分销渠道以及公司同经销商多年往来所建立的信用。

第六，获得被购公司的市场份额，减少竞争。市场份额的增加会导致更大规模的生产，从而实现规模经济。公司可以收购竞争对手的公司，然后将它关闭来占据新的市场份额。

第七，获得被购公司的商标。收购一些知名的公司往往可利用其商标的知名度，迅速打开市场。

第八，廉价购买资产。一种情况是，从事收购的公司比目标公司更知道他所拥有的某项资产的实际价值。例如目标公司可能拥有宝贵的土地或按历史折旧成本已摊提了，可是在账簿上还保有的不动产，它有时低估了这项资产的限期重置价值使得收购者廉价地买下这家公司。另一种情况是，收购不盈利或正在亏损的公司，可以利用对方的困境压低价格。

第九，迅速形成自己的财富生产能力，加快进入市场的速度。在新经济时代，要求公司对市场变化、市场竞争有更高的响应速度。如果新建一种财富生产能力，往往要花数月甚至数年的时间，等创业者的生产能力建成了，市场机会早被他人抢走了。而购买他人现有的生产能力，只需进行必要的技术改造，即可迅速提供市场需要的商品，实实在在地抓住某些盈利良机。

（二）收购公司的劣势

第一，价值评估困难。其一是因为，有的目标公司为了逃税漏税而伪造财务报表，有的财务报表存在着各种错误和遗漏，有的目标公司不愿意透露某些关键性的商业机密，加大了评估难度；其二是对收购后公司的销售潜力和远期利润的估计困难较大；其三，公司的资产还包括商誉等无形资产，这些无形资产的价值却不像物质资产的价值那样可以较为容易地用数字表示。

第二，失败率高。失败有很多原因，一个重要的原因是被收购公司的原有管理制度不适合收购者的要求。如果原有的管理制度好，收购公司可以坐享其成，无须很大的改变；若原来的管理制度不适合要求，收购后对其进行改造时问题就出现了，习惯原有经营管理方式的管理人员和职工往往对外来的管理方式加以抵制。母公司在被收购公司内推行新的管理和控制体系常常是一个困难而又缓慢的过程。另外公司虽然可以通过收购方式获取市场份额和产品技术，但如对被收购公司的产品种类过于缺乏经验，可能无法进行有效的管理，这也会导致收购的失败。

第三，现有公司往往同它的客户、供给者和员工有某些已有的契约关系或传统关系。现有公司可能同某些老客户具有长期的特殊关系，该公司被收购后，如果结束这些关系可能在公共关系上代价很大，然而继续维持这些关系又可能被其他客户认为是差别待遇。与供给者之间也可能会碰到类似的情况。

第四，转换成本。一般而言，收购对方的生产能力后，总要对所购入的生产能力进行某些技术改造，这就涉及所谓转换成本问题，包括技术改造成本、原有某些设备提前报废的损失、原有人员进入新岗位的培训费用等。这是购买现有公司生产能力时不得不考虑的问题。

第五，选择收购对象是个难点。一般而论，要恰当地选择目标公司，进而决策购买，不是一件容易的事情。通常在选择购买对象时，创业者应该考虑：目标公司目前的市场地位、未来的市场地位；目标公司目前的技术能力、技术能力的成长性；目标公司的负债状况；目标公司目前的经营业绩；目标公司要求的出资方式及其方便性；并购后技术改造需要的增量投资；公司原有员工的安置以及可能随之增加的公司社会负担等。

第六，原有公司的包袱会随之而入。我国目前正处于经济制度转轨时期，计划经济时期遗留的公司办社会问题仍困扰着公司，政府从稳定社会的角度出发，往往也显得无可奈何，这样，创业者如果收购某个公司，常常也不得不随之收购进现有公司原本承担的某些社会义务。收购也可能导致人力资源管理上的麻烦。现有公司被收购以后，由于公司的整顿往往会产生大量的剩余人员，对这些人员的安置和报酬的支付，在公司的经济效益上或在道义和法律上都会碰到麻烦。

（三）收购评估的重点

成功收购一个公司，必须经过这样几步：确认目标，考察与价值评估以及交易谈判。在收购创业前，关键是要对被收购的公司进行认真的考察与价值评估，包括：对被收购公司的体制做一番彻底调查与分析；考虑收购者自身经营实力能否经营自如；对公司长期发展的预测及精密的收益成本分析；对被收购公司权利义务、债权债务是否清楚。

对被收购的公司的价值评估应当以公允的市场价值为基础，大致分三种途径。

一是成本途径，从重置成本构成的角度来评估公司价值可以说是这一途径的思路。成本法在评估一个公司价值时，把这个公司的全部资产按评估时的现时重置资本扣减各项损耗来计算公司价值的方法。实际上就是在资产清查和审计的基础上将公司整体资产化整为零，以单项资产的评估为起点，对各项有形资产、无形资产分别根据各自的特点和使用状况，用重置资本减去贬值来确定各组成要素资产的个别价值，最后将全部资产进行加和。

二是市场途径，在收购兼并中的应用是识别、分析与被评估公司在同行业中经营的公司买卖、收购和合并来计算合适的指标。

三是收益途径，对公司预计的未来收益进行折现以得出现值，要考察预期净收益和税后现金流量，折现率包含当时市场要求的收益率及与该公司或资产相关联的风险系数。成本途径考察的是企公司的历史，市场途径考虑的是公司的现状，而收益途径关注的是公司的未来。资产评估时至少运用以上的两种评估方法，并对结果进行权衡和调节，最终得出一个评估价值。

在考察、评估后，创业者还需要着重考虑以下几个问题。

一是收购的必要性。即与独创、合伙创业相比，作为创业者，真的需要收购某个既有公司吗？收购的得失、利弊有哪些？

二是收购后改造目标公司的可能性。一般情况下，同意被创业者收购的公司往往都存在着较为严重的问题和困难。特别是一些公司创新能力差、生产技术落后、整体技术能力提升速度大大落后于社会技术进步的步伐。这就涉及对公司进行技术改造是否可行、是否具有经济价值的问题。如果收购后基本上要重起炉灶另开张，那还不如自己新建一个公司。

三是扭转现有公司低回报的能力。现实中，被收购的公司往往只有很低的收益水平与规模，这就需要创业者去扭转公司的低回报状态。由此，也要求创业者考虑自己是否有能力扭转该公司目前的业绩状态。

四是管理现有公司的经验。在新创一个公司的过程中，创业者可以逐步积累管理和运行公司的经验。但一下子买进一个公司，创业者受其知识、经验、能力的限制，往往无力管理这个公司，甚至使一个原本较好公司的经营状况变坏，使一个原本较差公司的经营状况雪上加霜。因此，在购买某个公司之前，创业者一定要问问自己：我有管理和运营这个公司的能力和经验吗？时间允许我去积累管理、经营这个公司的经验？

五是对方有无隐形债务。显然，即使对方要价很低，创业者也需要好好考察对方的债务状况，以免背上一堆不明不白的债务。天下没有免费的午餐，虽然通过收购公司进行扩张有很多优点，但是收购公司也有不利之处，创业者在收购中也可能陷入一些误区。例如：负债高、资金缺乏、商誉不佳、设备陈旧、商品无销售利润等，这些都是可能发生并影响整个公司运作的问题。因此，创业者必须在收购现有公司之前，彻底了解以上的负面因素，仔细评估，才不会导致全盘皆输的局面。此外，也可以通过选择性地收购现有公司的某一部分，如客户名单、商誉，而不收购其陈旧设备、机器或库存产品等，以减少资金负担和规避风险。

第四节 资源整合

成功的创业者大多都是资源整合的高手，创造性地整合资源是他们成功的原因之一。在知识经济时代、经济全球化的今天，资源整合不仅是创业者的专利，公司经理人甚至每个人职业生涯发展都需要注重资源整合。

一、创业资源整合意义

哈佛商学院教授史蒂芬森强调，创业是不拘泥于当前资源条件的限制下对机会的追寻，将不同的资源组合以利用和开发机会并创造价值的过程。他认为，创业者在公司成长的各个阶段都会力争用尽可能少的资源来推进公司的发展。他们需要的不是拥有资源，而是控制这些资源。因此，在创业的视角下，要求创业者具备独特的整合能力，运用少量资源，控制更多资源，创造更大价值。

资源是人类开展任何活动所需要具备的前提，要把握创业机会，同样必须具备相应的资源条件。创业活动往往是在资源不足的情况下把握商业机会，这就需要创业者必须创造性地整合资源。人们经常用"白手起家"来描述创业者敢于冒风险、艰苦奋斗、坚强的意志等品质，资源匮乏、难以融资、人才不足等，对创业者来说经常是普遍现象。蒙牛乳业集团创始人牛根生说："蒙牛企业文化中有四个98%，资源的98%是整合，品牌的98%是文化，经营的98%是人性，矛盾的98%是误会。"在这里，第一个98%就是资源整合，可见在牛根生眼中，资源整合的重要性。

二、创业资源整合原则

第一，尽可能多地发现和确定可供整合的资源提供者。要整合资源，就要找到可以提供整合资源的对象。对此，一种办法是找到少数的拥有丰富资源的潜在资源提供者，如政府、大公司等，这方面创业者往往没有优势；另一种办法是尽量多找潜在的资源提供者。

第二，分析并寻找到潜在资源提供者共同利益所在。商业活动强调利益，要做到资源整合，需要认真分析潜在资源提供者各自关心的利益所在。

第三，让对方先赢自己再赢的整合机制。资源能够整合到一起，需要合作，合作需要双赢甚至是共赢。经济全球化的重要特征是资源的全球性流动，资源整合可以突破空间、组织和制度等方面的限制，从而在更加广阔的范围内开展，这也是创业活动活跃的重要原因。要成功地整合资源，创业者必须要有创新的思维，要兼顾各方面利益相关者的利益，达到多赢、共赢的境界。

第四，强化沟通。较强的沟通能力是创业者成功整合资源的关键因素。有两个数字可以很直观地反映沟通的重要性，就是两个70%，第一个70%，是指创业者，实际上创业者70%的时间用在沟通上。开会、谈判、协商、拜见投资者或约见客户等是最常见的沟通形式，撰写计划书和各类文字材料实际上是一种书面沟通的方式，对外各种拜访、联络也都是沟通的表现形式，管理者大约有70%的时间花在此类沟通上。第二个70%，是指企业中70%的问题是由于沟通障碍引起的。如创业公司常见的效率低下的问题，往往是由于缺乏沟通或不懂得沟通所引起的。

三、创业资源整合方式

(一) 人脉资源整合

在个人创业过程中，人脉资源可谓是第一资源。人脉是一个人通往财富与成功的入场券，有了各种良好的人脉关系，你可方便地找到投资、找到技术与产品、找到渠道等各种创业机会，整合人脉资源是创业成功的基本条件。

1. 人脉资源的类型

人脉资源根据重要性程度可以分为：核心层人脉资源、紧密层人脉资源、松散备用人脉资源。

核心层人脉资源：核心层人脉资源是指对职业和事业生涯能起到核心、关键、决定作用的人脉资源。如，一个营销部门经理的核心层人脉资源，可能是他的上司、老板、关键同事和下属、对公司业务和自身业绩有重大影响的重要客户以及其他可能影响其职业与事业发展的重要人物。

紧密层人脉资源：紧密层人脉资源指在核心层人脉资源基础上的适当扩张。

松散备用层人脉资源：松散备用层人脉资源指根据自己的职业与事业生涯规划，在将来可能对自己有重大或一定影响的人脉资源。比如公司未来可能的接班人选、有发展潜力的同事、下属、客户、同学、朋友等。

2. 人脉资源整合的要点

第一，人脉资源结构要科学合理。不少创业者人脉资源结构太单一，导致人脉资源的质量不高。例如，有人只重视公司内部的人脉资源，而忽略公司外部的人脉资源，造成圈子狭窄、信息闭塞、坐井观天；有的人只重视眼前的人脉资源，而忽视未来的人脉资源，结果随着事业的发展和环境的变化，造成关键时刻人脉资源的缺位断档。

第二，注意长期投资性和关联性。长期投资性是指平时要注意人脉资源的积累，人脉资源的形成需要很多时间和精力，本身就是一种投资，而人脉资源是可以通过合作、交流、关心、帮助、友情、亲情等进行维护，并会不断巩固，同时在维护中可以不断地发展新的人脉关系。关联性是指借用朋友的朋友或他人的介绍拓展你的人脉资源。你的朋友可能帮不了你，但是你朋友的朋友或许可以帮你，千万不要有人脉的"近视症"和"功利症"。

第三，兼顾事业和生活。不能只顾职业的发展、事业的成功，而忽视生活的丰富多彩和应急需要。比如，有些人尽管在创业者创业事业的发展上起不到什么作用，但他们却可能是你在日常生活、强身健体甚至是柴米油盐等生活诸事上的好帮手，一样不能忽略他们。

第四，重视心智方面的需要。在日常工作、生活中，要注意结交一些专家、学者、实战高手和智者，定期与他们交流，将会使你开阔眼界、受益匪浅。

3. 人脉资源整合的途径

第一，创业者人脉资源的整合是重中之重。人脉资源的整合在某种程度上来说就是做人，做一个让他人快乐同时也让自己获益的人。需要注意的是，人脉资源的整合一定要整合健康的人脉资源，以自身的人格魅力来积聚，酒肉、投机、贿赂、侥幸得来的不会长久，为此创业者自身的素质、人格、品质需要不断提升。

第二，参与社团活动，扩张人脉链条。参与各类社团活动来经营人际关系十分有效。平时如果太主动亲近陌生人，由于人的防卫心理，很容易遭拒。但是，在参加各类社团活动时，人与人之间的交往会在"自然"的情况下变得相当顺畅。因为人与人的交往互动最好在非强求、无所求的情况下发生，这样有助于建立情感和信任。如果你参加了某个社团，最好能谋到一个组织者或能为大家服务的机会就更好了，在为他人服务的过程中，自然就增加了与他人联系、交流、了解的机会和时间，你的人脉之路就得以不断延伸。

第三，参加培训，搭建人脉平台。参加培训对于创业者有三大好处：一是走出去方知天外有天、人外有人，才能结交到"高手"；二是"学而知不足"，经常充电、深造才知道自己才疏学浅、孤陋寡闻；三是借此机会拓展人脉资源，搭建平台，扩大"圈子"。

第四，了解人脉，满足需求。人脉资源整合需要合作，合作需要双赢或共赢，而且往往是要让对方先赢。为此，首先需要了解人脉对象的基本情况，比如家庭环境、收入状况、学历教育背景、兴趣爱好、价值观、事业目标、工作生活习惯、性格特点等方面细节，必要的话可以在备忘录或数据库中记录；其次，了解人脉对象目前工作生活中的最大需求是什么，最看重什么，看看自己能为对方做些什么或提供什么建议参考；最后，即便人脉对象的需求千差万别，但有些基本需求是相同、相通的，那就是被赞美、被尊重、被关心、被肯定、被理解、被帮助等。由此根据自身的条件和可能，采取适当的行为满足人脉对象的需求，对方自然获得一种满足感，感受到你对他的重视和他对你的重要，你也就获得了对方的信任和人脉忠诚。

第五，日积月累，细心呵护。人脉网络需要长期的积累、精心培育、细心呵护。如，根据不同层次的人脉资源分类，确定相应的联系、拜访、聚会的频次；节假日或对方特殊重要的日子，不妨打一个问候的电话、发一条祝福的短信，或寄上一张精美的贺卡、小礼品等。人脉资源是创业必不可少的关键元素，创业者整合人脉资源能力的大小基本上决定了创业的成败。

（二）信息资源整合

从工业化时代走向信息时代，随着信息技术的发展，信息与日常生活、工作越来越密不可分，最直接的体现就是信息爆炸，大量的、各类信息充斥在我们周围,如何整合信息成为一大挑战。因为现在信息太多太杂了,创业者如何在最有效的时间内获得最有效的内、外部信息,抓住成功创业的机遇事实上很难。信息资源与人力、物力、财力以及自然资源一样,都是创业公司的重要资源,因此,应该像管理整合其他资源那样管理整合信息资源。对创业者而言,了解分析包括竞争对手、政府、行业、合作伙伴、客户等在内的周边环境的变化信息,才能做到"知己知彼,百战不殆",才能做到"有的放矢",集中精力、财力、人力抓住转瞬即逝的成功机遇。

(三)技术资源整合

最关键的创业核心竞争力是什么?技术,因为它决定了所需创业资本的大小、创业产品的市场竞争力和获利能力。美国的微软公司和苹果公司,最初创业资本都不过几千美元,创业人员也只有几人,它们之所以能走向成功,就是因为它们拥有独特的创业技术。所以,创业公司成功的关键是首先寻找到成功的创业技术。

(四)行业资源整合

整合行业资源,了解掌握该行业各种关系网,比如业内竞争对手、供货商、经销商、客户、行业管理部门等。所以,创业的一个成功类型,就是做自己熟悉的行业,熟悉本行业公司运营、熟悉竞争对手。但行业资源不仅仅只有这些,技研机构、行业协会、行业杂志、行业展会、业内研讨会、专业书籍等资源都需要创业者平时加以关注,发掘其价值为公司长大服务。此外,很多小公司长不大,追根究底,是一次又一次地放弃了合作的机会,个人或少数人的单打独斗,是无法在现代市场中取胜的。

(五)政府资源整合

掌握并充分整合创业的政府资源、享受政府扶持政策,可使创业少走许多弯路,达到事半功倍之效。目前政府的创业扶持政策主要包括财政扶持政策、融资政策、税收政策、科技政策、产业政策、中介服务政策、创业扶持政策、对外经济技术合作与交流政策、政府采购政策、人才政策等。了解政府扶持政策、整合政府资源的方式途径：一是上政府公网查询；二是到公共服务机构提供政策咨询；三是注意与有关部门保持密切的沟通；四是可指定专人负责有关政策信息的收集。

第五节 融资

融资，也称资本的融通，是指为支付超过现金的购货款而采取的货币交易手段或为取得资产而集资所采取的货币手段，有广义与狭义之分。广义的融资指资本在持有人之间的活动，以余补缺的一种经济行为，它是资本双向互动过程，不仅包括资本的融入，也包括资本的融出，即它不仅包括资本的来源，也包括资本的运用。狭义的融资主要是指资本的融入，也就是通常所说的资本来源。具体是指公司从自身生产经营现状及资本运用情况出发，根据公司未来经营策略与发展需要，经过科学的预测和决策，通过一定渠道，采用一定的方式，利用内部积累或向公司的投资者或债权人筹集资本，组织资本供应，保证公司生产经营需要的一种经济行为。

任何公司的生产经营活动都需要资金的支撑。对于新公司来说，无论是进行产品研发还是产品的生产和销售，都需要大量的资金投入，如何有效融集资金是创业者极为关注的问题之一。创业者通过合理选择融资渠道和融资方式，可能降低资金成本，将创业公司的财务风险控制在一定范围之间；通过对公司不同发展阶段融资需求特点的分析，有利于创业者做出科学的融资决策，使创业公司实现可持续发展。

一、创业融资困难的原因

创业融资难的主要原因是新创新公司的不确定性大、信息不对称以及资本市场欠发达等。

(一)新创公司的不确定性大

首先,商业机会本身具有不确定性。创业者的创业机会不可避免地会受到外界环境的影响,当外界环境发生变化时,机会也会相应丧失。对于创业活动本身而言,由于创业项目尚未实施,或刚开始实施,创业项目受到外界的影响相对于既有公司来说更大,其市场前景不够明朗。

其次,新创公司的利润具有不确定性。多数创业者创业经验缺乏,导致其应对内外部环境变化的能力不足,公司盈利的稳定性较差。

再次,新创公司的寿命具有不确定性。在中国,中小公司的寿命往往很短,据统计,我国新创公司的失败率在70%左右。国外有学者估计,新创公司在2年、4年、6年内的消失率分别为34%、50%和60%。

与此同时,与既有公司相比,新创公司在融资方面还有明显的劣势。公司创办初期一般来说规模较小,固定资产等有形资产的价值偏低,有效的可供抵押的资产较少;加上新创公司的融资规模较小,使得投资方的融资成本较高,这不但表现在事前的资料调查和可行性分析过程,而且表现在事后对投资方资金的管理过程中。因为无论多大规模的投资,对于投资方来说必经的例行调查和事后的管理工作都不会较少,故当融资规模较小时,使得投资者对于投入到公司的资金的安全性的判断较为困难,从而限制了公司的资金筹集。

(二)新创公司和资金提供者之间信息不对称

信息不对称是经济生活中普遍存在的现象。创业融资中信息不对称表现为创业者对自身能力、产品或服务、公司的创新能力和市场前景等的了解多于投资者,从而处于信息的优势,投资者则处于信息的劣势。

首先,创业者倾向于对创业信息进行保密。创业者在融资时,往往倾向于保护自己的商业机密及其开发方法,特别是进入门槛低的行业的创业者更是如此,这样,创业者对公司信息的隐藏会增加投资者对信息甄别的时间和成本，从而影响其投资决策。

其次，新创公司的经验和财务信息具有非公开性。新创公司或者处于筹建期，或者开办的时间较短，缺乏或只有较少的经营记录，公司规模一般较小，经营活动的透明度较差，财务信息具有非公开性，使得潜在的投资者很难了解和把握创业者和新创公司的相关信息。

第三，高素质的投资者群体尚未形成。由于中国市场经济发展的时间较短，普通大众的投资理念比较保守，尚未形成一个相对成熟的投资者群体，潜在投资者对行业认识、直觉和经验等也相对缺乏，使得其在选择投资项目时更为谨慎。创业者、新创公司和投资者群体之间的信息不对称，会导致创业融资时的道德风险和逆向选择。

(三) 资本市场欠发达

中国真正意义的资本市场是从20世纪90年代沪、深证券交易所的建立为标志的，经过20多年的发展已经为国家经济调控和公司融资的重要场所。但与发达国家相比，中国的资本市场仍然不够完善，缺少擅长从事中小公司融资的金融机构和针对新创公司特点的融资产品，对公司上市的要求较高，产权交易市场不够发达，致使新创公司的融资受到一定限制。

二、创业融资的方式

"巧妇难为无米之炊"，对新创公司的大学生创业而言，对融资方式的了解与认识比任何时候都更加紧张、更加深刻。对大学生创业者而言，对融资方式的考察应着眼于债务融资与股权融资的比较、内部融资与外部融资的差异上。

(一) 股权融资与债务融资

公司的全部资本，按属性不同可以分为股权资本和债权资本两种类型。这是由公司资本的所有权决定的。正确认识这两类资本的内容和属性，有利于安排它们之间的比例关系。

所谓债务融资是指利用涉及利息偿付的金融工具来筹措资金的融资方法，通常也就是贷款，其偿付性只是间接地与公司的销售收入和利润相联系。典型的债务融资一般都需要某种资产用作抵押，也就是通常所说的抵押贷款。

债务融资要求创业者不仅要归还借到的全部资金，而且还要按事前约定的利率支付利息，有时债务融资还附有资金的使用或使用条件的限制。债务融资从时间期限划分还可以分为短期融资与长期融资，创业公司的短期融资往往充当流动资金，而长期融资往往用于购买固定资产。债务融资令创业者持有公司较多的股份，从而在股份权益上获得更大的回报，特别是利率低迷时更是如此。

股权融资无须资产抵押，它赋予投资者在公司中某种形式的股东地位。投资者分享公司的利润，并按照预先约定的方式获得资产的分配权。与债务融资相比，股权融资筹措资金具有永久性、无到期与归还性以及无固定股利负担等特点，是公司筹措资金，保障经营现金的重要手段。但因为它牵涉公司最核心的所有权问题，创业者应灵活运用与慎重考虑。

（二）内部融资和外部融资

公司应在充分利用了内部融资之后，再考虑外部融资问题。内部融资是指在公司内部通过留用利润而形成的资本来源。内部融资是在公司内部"自然地"形成的，因此被称为"自动化的资本来源"，一般无须花费筹资费用。对于新创公司而言，内部筹资主要来源于创业者自己的积累。对于一个新创公司，启用阶段的利润一般都全部再投资到公司经营中去，创业者很少指望在初期岁月里得到回报。常见的内部融资来源可以是利润、存货抵押、资产出售甚至延期的应付款等。

资金的另一个来源就是公司外部融资。外部融资是指公司在内部融资不能满足需要时，向公司外部筹资而形成的资本来源。处于初创期的公司，内部融资的可能性是有限的；处于成长期的公司，内部筹资往往难以满足需求。因此，公司就需要开展外部融资，需要花费筹资费用。常见的外部融资渠道来源有吸收投资者投入资金、亲友资金、银行借贷、政府资助、私募以及上市等，而对外部融资渠道的评估可以从资金可用的时间长短、资金成本以及公司控制权的丧失程度三个要素展开。

三、创业融资的过程

一般来说，创业融资过程包括融资前的准备、资本需求量测算、商业计划编写、融资来源确定及融资谈判等以下五个方面的内容。

（一）做好融资前的准备

尽管新创公司融资较为困难，但创业融资却是新创公司顺利成长的关键。因此，创业者一定要在融资之前做好充分的准备工作：对融资过程有一定了解，建立和经营个人信用，积累自己的人脉资源，学习估算创业所需资金的方法，知晓了解融资渠道的途径，熟悉商业计划书的结构和编写策略，提升自己的谈判技巧等，以提高融资成功概率。

积累人脉资源，创业所需融资渠道和商业计划等内容，其他章节都有详细讲到。因此，这里只强调一下个人信用的重要性。

个人信用指的是基于信任、通过一定的协议或契约提供给自然人及其家庭的信用，使得接受信用的个人不用付现就可以获得商品或服务，它不仅包括用作个人或家庭消费用途的信用交易，也包括用作个人投资、创业以及生产经营的信用。个人信用记录包括以下四个方面：

一是个人基本信息，包括姓名、婚姻及家庭成员状况、收入状况、职业、学历等。

二是信用记录，包括信用卡及消费信贷的还款记录，商业银行的个人贷款及偿还记录。

三是社会公共信息记录，包括个人纳税、参与社会保险、通信缴费、公用事业缴费以及个人财产状况及变动等记录。

四是特别记录，包括有可能影响个人信用状况的涉及民事、刑事、行政诉讼和行政处罚的特别记录。

市场经济是一种信用经济，信用对国家、社会、个人都是一种非常重要的资源，信用在创业融资过程中起着重要的作用。无论是从何种渠道筹集资金，投资者都会比较关注创业者个人的信用状况。因此，为保障融资的顺利进行，创业者应尽早建立起良好的个人信用记录，如做一个信用卡的诚信持卡人，同时注意在日常生活中按时缴纳各项缴费，遵纪守法，保持良好的个人信用记录。

（二）计算创业所需的资金

世上没有免费的午餐，也没有零成本的资金。创业者必须明白，公司所使用的资金都是具有一定成本的。这并不是说，筹集的资金越少越好，因为任何一家顺利经营的公司都需要基本的周转资金，如果筹集的资金不足以支持公司的日常运转，则公司会面临资金断流，进而导致破产清算；但这也不意味着筹集的资金越多越好，如上所述，资金都是具有成本的，如果在资金使用过程中不能够创造出高于其成本的收益，则公司会发生亏损。因此，创业者在筹集资金之前，要能够运用科学的方法，准确地计算资金需求量。

（三）编写创业计划书

新创公司对于资金的需求，需要通盘考虑公司创办和发展的方方面面，要对公司有一个全面的筹划。编写创业计划书是一种很好的对未来公司进行规划的方式，在创业计划书中，创业者需要估计未来可能的销售状况，为实现销售需要配备的资源，并进而计算出所需要的资金数额。

（四）确定融资来源

确定了新创公司需要的资金数额之后，创业者需要进一步了解可能的筹集渠道和不同筹集渠道的优缺点，根据筹资机会的大小，以及创业者对公司未来的所有权规划，充分权衡利弊，确定所要采用的融资来源。

(五)展开融资谈判

选定所拟采取的融资渠道之后,创业者即需要与潜在的投资者进行融资谈判。要提高谈判成功的概率,就要求投资者首先对自己的创业项目非常熟悉,充满信心,并对潜在投资者可能提出的问题做出猜想,事先准备相应的答案。另外,在谈判时,要抓住时机陈述重点,做到条理清晰;如果可能的话,向有经验的人士进行咨询,将会提高谈判成功的概率。

四、创业融资的规划

制定合理的融资策略是从融资需求的评估、融资方案的制定到融资决策的形成的完整过程。

(一)融资需求

融资需求的评估主要解决的是"需要多少钱"的问题。事实上,在公司成立的最初五年中,要确切知道公司到底需要多少资本是不太现实的,因而一些创业者往往是根据同行的经验或主观判断进行资本需求量的最低限额估算。实际上,创业者掌握一些基本的财务知识,将财务报表与创业计划、公司发展战略结合起来,对公司资本需求量进行切实可行的估算还是有可能的。

1. 启动资金

启动资金是指用来支付场地(土地和建筑)、办公家具和设备、机器、原材料和商品库存、营业执照和许可证、开业前广告和促销、工资以及水电费和电话费等费用的资金。一般来说,启动资金中占比最大的是固定资产的购置费用。启动资金的计算公式如下:

启动资金=投资(固有资产)+流动资金

(1)投资(固有资产)的含义

固有资产是指使用寿命超过一年,且能够在相当长的生产经营期间,为公司的生产经营提供连续服务,单位价值较高的资产。创业公司除了购买必要的生产设备或办公设备外,应尽量少投资以降低经营风险。明智做法是把必要投资降到最低,可以租赁设备以缓解资金压力。首次创业应尽量找一些投资较少的项目起步。当然固定资产可以折旧,即分期打入成本逐步回收。

(2)流动资金的含义

流动资金是指公司用于购买、储存劳动对象(或)商品以及占用在生产过程和流通过程中的那部分周转资金。从其构成要素来看,它包括用于购买原材料等劳动对象(或商品)、支付工资和其他生产费用(或流通费用)的资金。从其具体存在形态来看,它包括分布在储备形态、生产形态、产成品(或商品)形态和货币形态上的资金。

对于小微公司而言,一般要考虑准备三个月的资金以供日常运转。

2. 投资(固有资产)的预测

在开办公司之前,创业者有必要预测需要多少投资,这笔投资可能要几年后才能收回。固有资产投资主要用于以下几个方面:

(1)项目本身的费用

这是指付给所选定项目的直接费用。例如,对所选项目投入前的市场调研费用,接受面授或者函授某一技术的培训费用、技术资料费用,购买某种机器设备的费用,某一个项目的加盟费用等。如果创业者要到项目出让方处考察,还需要计算差旅费用。

(2)公司用地和建筑投资

创办公司需要场所和建筑,为解决这种需要,创业者可考虑建造新建筑,购买现成建筑,租赁场地或建筑,或者在住所办公,上述营业场所的投资额度是依次降低的。对创办小微公司来说,稳妥的做法是:最好先在家庭住所开业起步,等公司运行稳定后再考虑租房或买房。但是有的行业是无法选择在家庭住所营业的,那就只好选择租房了。一般租金较低廉的地方是地下车库、仓库、阁楼、城乡接合部等。

（3）设备投资

设备一般是指公司生产经营所需的机器、工具、工作设施、车辆、办公家具等。对于制造行业和某些服务行业公司，最大的投资往往就是设备，所以在制定创业计划时，一定要确定好必须购买的设备名称、类型、数量等。例如开餐饮店，需要购置冰柜、炊具、燃气灶等设备和工具等。

总之，对于有限的创业资金，创业者最好采用租赁方式解决用地和建筑用房问题，而将主要资金用于购置设备。

3. 流动资金的预测

店铺开张后要运转一段时间才能有销售收入。零售商需要先联系供应商进部分货物作为库存。服务公司在开始提供服务之前要先购买材料和产品；零售商和批发商在出售货物之前必须先进货；公司在招揽顾客前必须先花时间和费用进行促销。总之，公司需要流动资金用以购买原材料和成品、进行促销、发放工资、支付租金、缴纳保险等。要准确地预测公司所需的流动资金，需要学会制定现金流量计划。预测流动资金时要考虑以下几个方面。

（1）原材料、配件和成品库存

由于业务经营的需要，公司需要储备一定的原材料、配件和成品库存，预测的库存越多，需要用于采购的流动资金就越大，既然购买存货需要资金，就应该将库存降到最低限度。如果公司在经营过程中允许赊账，资金回收的时间就越长，需要动用流动资金再次充实库存。

（2）促销

新公司开张，需要推广、宣传自己的商品和服务，这些促销都需要流动资金。

（3）工资

公司主需要每月给员工支付工资。通过每月工资总额还未达到收支平衡的月数的乘积就可以计算出流动资金。

（4）租金

公司一开始运转就要支付土地和房屋的租金。用于房租的流动资金为月租金额乘以还未达到收支平衡的月数。但要考虑到租房合约中要求起租时租金三个月、六个月或一年一付，这会占用更多的流动资金。

（5）保险

公司自开始运转之日起，就必须付清投保的保险费，这也需要流动资金。公司可以考虑购买财产保险和人身安全的保险，万一发生财产灭失或在送货途中发生交通事故等意外，可以由保险公司赔偿部分损失，降低创业公司的经营风险。

（6）其他费用

公司运转过程中还要支付一些费用，例如电费、文具用品费、交通费等。

4. 预估销售收入、销售成本、销售费用、利润

对于新创公司来说，预估销售收入是制定财务计划与预计财务报表的第一步。为此，需要立足于市场研究、行业销售状况以及试销经验，利用购买动机调查、销售人员意见综合、专家咨询、时间序列分析等多种预测技巧，按月估计前五年的销售收入。由于新创公司启动成本较大，对于第一年的全部经营费用都要按月估计，逐笔记录支出。

在完成上述项目的预估后，就可以按月预估出税前利润、税后利润、净利润以及第一年利润表的内容，然后就进入预计财务报表过程。

5. 预计财务报表

新创公司可以采用销售百分比法预估财务报表。这一方法的优点是，能够比较便捷地预测出相关项目在销售中所占的比率，预测出相关项目的资本需求量。但是，由于相关项目在销售额中所占比率往往会随市场情况、公司管理等因素发生变化，因此，必须根据实际情况及时调整有关比率，否则会对公司经营造成负面影响。

6. 结合公司发展规划预测融资需求量

上述财务指标及报表的预估是创业者必须了解财务知识，即使公司有专门的财务人员，创业者也应该大致掌握这些方法。需要指出的是，融资需求量的确定不是一个简单的财务测算问题，而是直到将现实与未来综合考虑的决策过程，需要在财务数据的基础上，全面考察公司经营环境、市场状况、创业计划以及内外部资源条件等因素。

（二）融资方案的制定

融资方案的制定是创业者在融资需求量评估基础上对"什么时候需要钱""需要什么样的钱"等问题的系统判断与实施纲略。在融资方案制定过程中，创业者需关注的最重要因素有财务生命周期、投资者偏好以及自有资金的压力三部分。

1. 财务生命周期

从新创公司角度看，新创公司在不同的发展阶段具有不同的资本需求特征，创业者应该充分考虑不同融资方式，合理规划公司的资本结构。根据公司成熟程度，可将新创公司分为以下发展阶段，即种子期、起步期、成长期、成熟期，在每一个发展阶段上，公司的资本需求特征是不同的，因而融资渠道也不同。

第一阶段：种子期。

此时，资本需求量较少，但是对一家处于种子期的公司进行投资，将面临技术风险、市场风险、财务风险以及创业管理团队尚未形成的风险，因此，以盈利为目的资本通常不敢介入，创业者除了依赖个人的积蓄、家庭财产、朋友借贷以及申请国家创业基金以外，只有向风险基金内那些以冒险为目的的"天使资本"求助了。此时对创新公司的投入成为种子资本。

第二阶段：起步期。

此时公司已经注册成立，产品（服务）已经开发出来，处于试销阶段。这一期间经费投入明显增加，其活动主要围绕着以下方面进行：根据试销情况进一步完善产品（服务）、确立市场营销模式、完善管理模式、扩充管理团队、筹集起步资本。在这一阶段，公司面临着市场风险、管理风险以及财务风险，资本需求量增大，创业者可以在前期融资的基础上，吸引"零阶段风险资金"，也可以利用短期租赁方式解决生产经营中的资本不足状况。

第三阶段：成长期。

在这个阶段，公司已经开始有了营业收入，但在成长阶段的前期，收取仍然少于投入，公司仍处于负的现金流量中，现金需求量增大。而在这一阶段，公司并未建立起稳定的市场声誉，因此向银行贷款依然存在困难，仍然需要创业投资机构的帮助。在成长阶段后期，公司通常可以通过银行贷款补充流动资本，但若想公开上市，有时还需要投资银行对其进行美化投资，以完善其资本结构，并协助完善上市前的各种技术准备和业务公关工作。另外，公司也可以通过融资租赁等方式筹集资本。

第四阶段：成熟期。

此时公司在产品营销、服务以及内部管理结构方面都已经成熟，资本需求量稳定并且筹措较以前任何一个阶段都相对容易，公司可以通过股票融资、债券融资以及银行借款等方式筹集进一步发展扩大的资本。

2. 投资者偏好

从投资者角度看，投资商一方面对处于不同发展阶段的创业项目有各自投资偏好，另一方面，对创业项目的行业分布也存在投资偏好的差异性。

从我国创业投资项目的行业分布看，软件、一般IT行业、医药保健、新材料、制造业等是中国创业投资最为集中的5个行业，这些行业一般都具有良好的增长前景，而且也是目前国内外整个产业投资的重点。通信、农业等其他行业的创业投资项目所占比例较小。

从主要行业的创业投资阶段分布看，创业投资对医药保健、生物科技等行业的投资主要集中在种子阶段；而对于软件、计算机硬件、通信和一般信息产业，创业投资主要集中在起步阶段。

总体而言，我国创业投资主要集中在特定行业技术风险、市场风险相对较小的阶段，由此反映出在我国创业投资具有承担风险意识较弱或风险规避意识较强的特点，也印证了创业投资机构"不懂不做，不熟不做"的项目投资理念，这是创业投资机构根据目前我国的市场和政策环境所作出的一种适应性选择。

3. 融资环境与自有现金的压力

融资过程中最容易犯的错误是低估了融资所需要的时间。创业者越是急需资金，创业者的谈判筹码就越低。因此，创业者如何做到未雨绸缪是制定成功融资方案的关键因素之一，相关因素主要集中在融资环境与自有现金的压力两方面。

融资环境的变化会对创新或小公司融资市场和融资渠道产生重大的影响，主要体现在贷款人和投资者高度谨慎的风险防范态度。而自有现金压力对融资方案的影响主要集中在公司现金流的评估上，这也是创业公司外部融资需求与方案制定的核心。对公司现金流这个因素。如果创业者有一年或一年以上融资过渡时间，创业者的选择权、条件、价格和承诺将大大改善，也就是说，筹资的基本策略是必须"在不急用钱的时候就开始筹钱"。

（三）创业融资决策

公司资本结构决策就是要确定最佳资本结构。所谓最佳资本机构是指公司在适度财务风险的条件下，使其预期的综合资本成本率最低，同时使公司价值最大的资本机构。确定公司的最佳资本结构，可以采用资本成本比较法。

五、创业融资的渠道

资金缺乏是大部分大学生创业者创业过程中面临的主要问题。而由于受融资信息、信用能力等多种因素的影响，相当多的大学生创业者的创业资金主要来源于"父母支持""朋友合股"等融资渠道。因此，认识与拓展大学生创业融资渠道是大学生创业活动中现实而且紧迫的要求。

(一) 个人资金

个人资金是创业者通过积累、继承而形成的资本，对我国大学生创业者而言，个人资金往往来源于父母的资金支持。与外部资本相比，创业者的自我积累资本具有两个突出优势：一是从公司外部寻找投资者会占用创业者大量的精力、时间，并要花费相应的费用；二是一味地遵循投资者的标准会降低创业者构建新公司时的灵活性，而利用自我积累资本能够使创业者最初的创意得以实施。

尽管有些大学生创业没有动用个人资金就办起了新的风险公司，但这种情况比较少。这不仅因为从资金成本或公司经营控制的角度来说，个人资金成本最为低廉，而且还因为在试图引入外部资金，尤其是获得银行、私人投资者以及创业资本家的资金的时候，绝对必须拥有个人资本。外部资金的供给者通常认为，如果创业者没有投入个人资金，投资者很可能认为创业者对公司经营不会那么尽心尽力。大学生自有资金往往有限，因此对于大学生创业者而言，个人资金的投入水平，关键在于创业者的投入占其全部可用资产的比例，而不在于投入资金的绝对数量。

(二) 亲友资金

对于大学生创业活动而言，新创公司早期需要的资金具有高度的不确定性。但由于需求的资金量相对较少，因此，对银行和其他金融机构来说缺乏规模经济性。除了一些特殊情况，机构的权益投资者和贷款人几乎不涉及这一阶段的新创公司。

在这一阶段，对新创公司而言，亲友资金就是常规的资金来源，出于他们与创业者之间的亲情关系，也由于他们易于接触，他们是最可能进行投资的人。尽管从家人或朋友那里获得资金较为容易，但同所有其他资金来源一样，这种融资渠道既有好处，也有如股权稀释、容易给公司贴上家族公司标签、形成特权股东等潜在的缺陷。虽然获得的资金金额较少，但如果这是以权益资金的方式注入，家庭成员或朋友就获得了公司的股东地位，享有相应的权益和特权。这可能会使他们觉得他们对公司经营有直接的投入，从而对雇员、设施或销售收入及利润产生负面的影响。

（三）政府资助

为支持大学生创业，我国各级政府出台了许多优惠政策，涉及融资、开业、税收、创业培训、创业指导等诸多方面。"十一五"期间，浙江省也将积极筹建大学生创业基金，鼓励大学毕业生以其科研成果或专利发明申请创业基金资助大学生创业，加速科研成果产业化，打造一批高科技公司，为浙江省的经济和社会发展增添活力和后劲。同时，浙江省六大高教园区也将辟出一定土地，设立大学生科技创业园区，作为大学生科技成果的孵化和转化基地，并成立大学生科技创业管理委员会，对校园企业家进行法律、会计、营销等知识和技能培训，提供包括培训、咨询等相关服务。

（四）商业贷款

创业商业贷款是指具有一定生产经营能力或已经从事生产经营活动的个人，因创业或再创业提出资金需求申请，经银行认可有效担保后而发放的一种专项贷款。符合条件的借款人，根据个人状况和偿还能力，最高可获得单笔50万元的贷款；对创业达到一定规模，还可提出更高额度的贷款申请；期限一般为1年，最长不超过3年。为了支持大学生创业，很多地方政府也指定专门银行，从事与再就业配套的小额贷款，条件比正常贷款业务更优惠，部分金融公司推出的对高校毕业生创业贷款业务，可以高校毕业生为借款主体，以其家庭或直系亲属成员的稳定收入或有效资产提供相应的联合担保，对创业贷款给予一定的优惠利率扶持，视贷款风险度不同，在法定贷款利率的基础上可适当下浮或小幅度上浮。

商业贷款的优点是利息支出可以在税前抵扣，融资成本低，运营良好的公司在债务到期时可以续贷；缺点是一般要提供抵押（担保）品，还要有不低于30%的自筹资金，由于要按期还本利息，如果公司经营状况不好，就有可能导致财务危机。

大学生申请创业贷款的途径主要有三种：直接向银行申请贷款、申请科技型中小公司贴息贷款和利用新的技术成果或知识产权、专利权进行担保贷款。但是因为银行在对个人申请贷款方面的审核非常严格，特别是注重申请贷款人的偿还能力，大学生刚刚开始创业时，在银行的贷款审核部门看来几乎不具备偿还能力，所以直接向银行申请贷款较为困难。

（五）天使投资

天使投资（Angel Investment），是权益资本投资的一种形式，是指富有的个人出资协助具有专门技术或独特概念的原创项目或小型初创公司进行一次性的前期投资。它是风险投资的一种形式，在根据天使投资人的投资数量以及对被投资公司可能提供的综合资源进行投资。

天使投资实际上是风险投资的一种特殊形式，是对于高风险、高收益的初创公司的第一笔投资。一般来说，一个公司从初创到稳定成长期，需要三轮投资，第一轮投资大多是来自个人的天使投资作为公司的启动资金；第二轮投资往往会有风险投资机构进入为产品的市场化注入资金；而最后一轮则基本是上市前的融资，来自大型风险投资机构或私募基金。

对此，投资专家有一个比喻：如果对一个学生投资，私募股权投资着眼于大学生，风险投资机构青睐中学生，而天使投资者则培育萌芽阶段的小学生。

通常天使投资对回报的期望值并不是很高，但10到20倍的回报才足够吸引他们，这是因为，他们决定出手投资时，往往在一个行业同时投资10个项目，最终只有一两个项目可能获得成功，只有用这种方式，天使投资人才能分担风险。其特征如下：

第一，天使投资的金额一般较小，而且是一次性投入，它对风险公司的审查也并不严格。它更多的是基于投资人的主观判断或者是由个人的好恶所决定的。通常天使投资是由一个人投资，并且是见好就收。是个体或者小型的商业行为。

第二，很多天使投资人本身是企业家，了解创业者面对的难处。天使投资人是起步公司的最佳融资对象。

第三，他们不一定是百万富翁或高收入人士。天使投资人可能是您的邻居、家庭成员、朋友、公司伙伴、供货商或任何愿意投资公司的人士。

第四，天使投资人不但可以带来资金，同时也带来联系网络。如果他们是知名人士，也可提高公司的信誉。

天使投资往往是一种参与性投资，也被称为增值型投资。投资后，天使投资人往往积极参与被投公司战略决策和战略设计；为被投公司提供咨询服务；帮助被投公司招聘管理人员；协助公关；设计推出渠道和组织公司等。然而，不同的天使投资家对投资后管理的态度不同。一些天使投资及积极参与投资后管理，而另一些天使投资家则不然。

（六）风险投资

风险投资（Venture Capital）简称VC，在我国是一个约定俗成的具有特定内涵的概念，其实把它翻译成创业投资更为妥当。广义的风险投资泛指一切具有高风险、高潜在收益的投资；狭义的风险投资是指以高新技术为基础，生产与经营技术密集型产品的投资。根据美国全美风险投资协会的定义，风险投资是由职业金融家投入到新兴的、迅速发展的、具有巨大竞争潜力的公司中一种权益资本。

风险投资一般采取风险投资基金的方式运作。风险投资基金的法律结构是采取有限合伙的形式，而风险投资公司则作为普通合伙人管理该基金的投资运作，并获得相应的报酬。在美国采取有限合伙制的风险投资基金，可以获得税收上的优惠，政府也通过这种方式鼓励风险投资的发展。

风险投资具有以下特征：

第一，投资对象多为处于创业期的中小型公司，而且多为高新技术公司；

第二，投资期限至少3～5年以上，投资方式一般为股权投资，通常占被投资公司30%左右股权，而不要求控股权，也不需要任何担保或抵押；

第三，投资决策建立在高度专业化和程序化的基础之上；

第四，风险投资人一般积极参与被投资公司的经营管理，提供增值服务；除了种子期融资外，风险投资人一般也对被投资公司以后各发展阶段的融资需求予以满足；

第五，由于投资目的是追求超额回报，当被投资公司增值后，风险投资人会通过上市、收购兼并或其他股权转让方式撤出资本，实现增值。

(七)私募与上市

大学生创业者可能的创业资金来源还有私人投资者的私募资金，这些私人投资这可以是富有的个人、亲朋等。这些私人投资者在做出投资决策之前，通常会征询投资顾问、会计师、技术分析专家或律师等的意见，最后做出投资决策。在我国，私募方面的立法还没有完善，加上较严格的国家金融监管，私募基金在短时间内很难成为一种有效的大学生创业资金募集方式。

创业公司能够公开上市是许多大学生创业者的梦想与愿景。但实际上。公开上市通常是很艰难的事情。创业者必须评价公司是否已经做好公开发行股票的准备以及公司股票上市的有利之处是否超过其不利之处。在评价上市准备情况时，创业者必须考虑公司的规模、盈余、业绩、市场条件、资金需求的紧迫性以及现有股东的意愿。在利弊分析过程中，创业者应综合考虑公开发行股票的主要优势——新资本、流动性和价值评估、增强了获得资金的能力以及威信，和主要的缺点——融资费用、信息的披露、股权的失控和维持增长的压力等。

根据《创业企业股票上市审核规则》，我国创业型公司上市的基本条件包括：申请人为合法存续的股份有限公司；在同一管理层下，持续经营两年以上；最近两年内无重大违纪违规行为，财务会计文件无虚假记载；

申请人符合《创业企业股票发行上市条例》规定的融资金额与股权比例条件；申请人符合《创业企业股票发行上市条例》《公司法》等其他资产金额与比例、上市流程、治理结构、行业与盈利预期等其他相关条件。

同时，中小型公司在深交所上市交易大致要经过改制和设立、上市辅导、申请文件的申报与审核以及最后发行与上市的基本程序。首先，中小公司根据《公司法》的规定，依据自身的状况通过改制或者设立来完成主体资格的转变。拟订改制重组方案后，聘请中介机构对拟改制的资产进行审计、评估；或签署发起人协议和起草公司章程等文件，但不管如何改制，都应达到以下要求：具有独立的营运能力，主营业务突出，规范和完善公司法人治理结构，公司改制后的财务制度应符合相关法规、规章的要求。公司在改制的过程中，应重点关注业绩连续计算问题。

其次，中小型公司需要聘请辅导机构对其进行尽职调查、问题诊断、专业培训和业务指导，学习上市公司必备知识，完善组织结构和内部管理，规范公司行为，明确业务发现目标和募集资金投向，对照发行上市条件对存在问题进行整改，准备首次公开发行申请文件。公司和所聘请的中介机构，按照证监会的要求制作申请文件，保荐机构向证监会推荐并申报，证监会对申请文件进行初审，提交股票发行审核委员会审核，报证监会核准。

最后，公司才进入股票发行与上市阶段。中小公司的发行申请经证监会进行核准后，公司应该在指定媒体上刊登招股说明书摘要及发行公告，公开发行股票，提交上市申请，办理股份的托管与登记，挂牌上市。

在创业公司上市后，创业公司要保持与金融机构的关系，接受证监会、证监会派出机构和交易所对上市公司关于信息披露和实时监控的监管，以保障其上市之后的规范运作。公开发行股票的预测需要很多的计划和考虑，需要大量的财力、物力来完成准备工作。实际上，公开发行股票不是对每一个新创公司都适用的。

第六节　组建创业团队

创业团队是由技能互补的创业者组成的群体，该群体在一个共同认同的、能使彼此担负责任的程序规范下，为达到高品质的创业结果而努力。大学生创业团队应该具有较强的资源整合能力，能通过团队成员之间的技能互补来提高驾驭环境不确定性的能力，从而降低新创公司经营风险，增加创业成功的概率。

当创业者决定创业，并选定了创业项目后，最重要的任务就是组建创业团队。创业需要志同道合的伙伴互相支持，分工合作。比尔·盖茨曾说："我一向排斥'企业家'这个字眼，企业家一词对我是个抽象概念，我自己是个软件工程师，而我决定要找一群人来一起工作，这群人经过一段时间的成长，创造出越来越多的产品。"

一、创业团队的要素

团队对公司的成功有着重要的影响，组建一支优秀的创业团队对创业者是一项至关重要的工作。一支优秀的创业团队需要包含五个必不可少的要素，即目标、定位、职权、计划和人员。这对于创业团队来说更要明确这几个要素，以加强公司的凝聚力和抗风险能力。

目标：即为什么要建立团队以及希望通过它到达什么样的目的。高效的团队对其所要到达的目标具有明确的认识，并坚信这一目标的实现具有重大的意义和价值。创业团队可以被看作是一个特殊的项目团队，它的目标就是完成创业阶段的公关、技术、组织、管理、市场、规划等各项工作。因此，在创业初期，应当让团队成员充分参与讨论并确定创业目标，共同、远大的目标能够振奋团队成员的精神，激发他们的工作积极性和创造性，最终获得超乎寻常的成果。这里必须强调的是，创业团队的目标一定要具体化，千万不能仅凭一个好的创意而仓促地创业。

定位：即团队通过何种方式同现有的组织结构相结合，从而创造出新的组织形式。创业团队的定位要打破传统的惯性思维，让来自不同领域的人们真正成为更具合作性的团队伙伴，具体来说，包含两层含义：一是团队层次的定位，即确定创业团队在公司中的位置，由谁选择和决定团队的组成人员，创业团队最终对谁负责，采取何种措施激励团队成员等；二是成员层次的定位，即确定成员在创业团队中扮演的具体角色，将他们安置到创业组织当中，使人得其所、在其位、谋其政、尽其用。

职权：指团队担负的职责和享有的权利，即团队的工作范围和在某范围内决策的自主程度。它取决于团队类型、目标、定位和组织的规模、结构及业务类型等，且必须与团队的定位、工作能力和所掌握的资源相一致。由于创业团队的工作范围涵盖公司活动的各个领域，且它的活动直接影响到整个新创公司的现状和未来的成败，所以创业团队的权限往往比较大。这也更加要求创业团队成员的职权一定要明确，既要避免职权的重叠和交叉，又要做到成员之间顺畅的沟通与协调。

计划：在确定了团队的职责和权限后，接下来的问题就是如何把这些职责和权限具体分配给团队成员，并明确成员之间如何进行有效的分工合作，这就是计划的具体内容。创业团队的计划立足于对创业团队的整体考虑，它比创业计划更具体、更深入，包括创业团队的领导和规模，领导职位设立的方式（如常设或轮流担任），领导者的权限与职责，创业团队各成员的职责与权限等内容。当然，计划制定前应在创业团队的成员间展开广泛的讨论，才能保证后期的顺利实施。

人员：创业能否获得成功最终还是取决于人员本身。在选择和确定团队人员时，必须认真细致地从多方面考察候选者，内容大致包括候选人的技能、学识、经验和才干，更为重要的是，以上这些要素要尽量符合团队的目标、定位、职权和计划要求。一个好的创业团队绝不仅仅是数名优秀人才的简单集合，而是能够产生协同作用的人员的合理搭配，既要注重知识的匹配，还要关注价值的统一。

二、创业团队的人员选择

创业团队必须在创业前慎重选择成员，需要对其加入目的、知识结构、兴趣爱好、价值观念等进行了解。

加入目的：团队成员基于哪个层次的需要而加入团队，对其在组织中的行为方式起着决定性的作用。大学生有激情、有梦想，创业目标都不仅是满足温饱的需要，而是把实现人生价值作为目标。因此，在组建团队时，要选择那些有志于创业、注意公司的未来发展、目标远大的伙伴。

知识结构：在一支创业团队中，成员的知识结构越合理，创业的成功概率越大。纯粹的技术人员组成的创业团队容易形成技术为王、产品为主的状况，从而使产品的研发和生产与市场脱节；全部由市场营销人员组成的创业团队在成员选择上一定要充分注意人员的知识结构，兼容技术开发、公司管理、市场营销等不同方面。

兴趣爱好：大学生创业团队在形成时，往往容易被美好的创业前景所吸引，而忽略成员的个性特征。创业初期，大家同甘苦、共患难，怀着满腔的创业热情而工作，团队成员在性格上的差异和处理问题的不同态度就容易被掩盖。一旦公司发展到某个阶段的时候由于个性冲突而导致的矛盾就会激化，使创业团队出现裂痕。所以，在选择创业伙伴时应该仔细判断，慎重选择。

价值观念：创业团队成员的价值观念和道德品质决定了公司文化的形成。公司文化的源头是公司创始人自身价值观念的体现。大学生创业团队形成之前，成员之间必须通过深入的交流和充分的了解。只有价值观念相近的人在一起组成的团队，公司才能发展得更好。

三、创业团队的组建方式

大学生组建创业团队的形式主要有合伙制、公司制两种。

合伙制是由合伙人订立和合伙协议，共同出资、合伙经营、共享利益、共担风险、共对债务承担无限连带责任。创业团队采取合伙制是一种过渡型创业模式，有利于将创业中的激励机制与约束机制有机结合起来。合伙人执行合伙公司事务，有全体合伙人共同执行和合伙公司事务、委托一名或数名合伙人执行合伙公司事务两种形式。这种创业模式比较灵活，启动资金少，创业者可抓住消费群体特点来确定行业，降低了创业风险。这种模式需要团队成员投入较多精力。

公司制是采取设立有限责任公司或者股份有限公司的形式组建创业团队，运用公司的运作机制及形式进行创业。公司制能有效集中资金进行投资活动，以自有资本进行投资有利于控制风险；投资收益可以根据自身发展需要，做必要扣除和提留后再进行分配；随着业务的快速发展，可以申请进行改制上市，使投资者的股份可以公开转让而以套现资金用于循环投资。

大学生一般以股份形式合资从事创业活动，组建法人股份制的小型公司。这种创业大多数由家长、亲戚作为后盾，出资支持。同时大学生创业团队作为民营经济的新生代，这种创业模式也是我国民营经济发展得一个趋势。众多的创业团队会选择较高科技含量的行业开展业务，走高科技的路子。

此外，目前不少高校为培养学生的市场意识和创业意识，给大学生创造更多创业实践机会，鼓励和支持大学生组建创业工作室进行创业，这为今后就业、创业打下了扎实的基础，同时也为贫困生开辟了一条勤工俭学的道路。这种新型的创业模式利用学校的高水准师资队伍，克服了创业中技术问题与资源问题，并且一般有专门的校内外的指导老师给予引导，克服了大学生创业中管理能力与经验缺乏问题，并且资金投入少，风险低，不受专业限制，创业时间灵活不影响学业。目前这种创业活动已经成为素质教育的一种新模式，有效地培养了学生的市场意识，提高了市场竞争力。

四、组建创业团队的步骤

创业者有了创业点子后，就可采取如下程序组建起一个值得信赖的创业团队。

第一，公司战略分析。创业者应认真分析内外环境，识别机会，发掘优势，克服缺陷以应对威胁，对自己即将从事的创业活动有足够清醒的认识。

第二，确定团队形式。创业者应根据自己的性格能力特征、拥有的知识、人际关系及资金等方面的情况选择最有利实现创业计划的团队形式。

第三，寻求合作伙伴。组建创业团队的目的是要弥补创业者某些方面的不足，成功的创业者懂得如何根据商机和市场的不同来寻找所需的人才。因此，创业的带头人可以通过互联网、媒体广告和亲朋好友介绍等方式来寻找自己的创业合作伙伴。

第四，甄选成员。列出包括创业者在内所有候选成员应擅长的业务，根据所选项目的特点和公司的组织形式来确定创业团队的规模（即成员人数），并基于比较优势理论来确定最终的团队成员。

第五，沟通交流，达成共识。全面深入的沟通交流有利于创业团队形成统一的目标、建立共同的行动纲领和纪律制度。

第六，谈判落实，明确职权。将公司的主要活动分配给所有的团队成员，为每一项主要活动设定范围，并为各队成员设定具体的职权和目标。

值得注意的是，优秀的创业团队并非一蹴而就，尽管强调创业团队的重要性，但这并不意味着每个新创公司都必须从一开始就拥有一支完整的创业团队。创业团队的建立与发展实际上是一个动态变化的过程，应随着公司的成长不断地调整和适应，发现问题及时纠正，确保团队成员行为和意识的始终一致性，永葆活力。

第六章

风险防范与危机管理

第一节 创业风险的概念

一提起风险,很多人马上和失败、亏损联系在一起。其实,这是不全面甚至是错误的看法。对于风险的理解,一般有两个角度,一个角度强调了风险表现为结果的不确定性,另一个角度则强调为损失的不确定性。前者属于广义上的风险,说明未来利润多寡的不确定性,可能是获利(正利润)、损失(负利润)或者无损失也无获利(零利润);后者属于狭义上的风险,只能表现为损失,没有获利的可能性。

创业风险是指公司在创业过程中存在的各种风险。由于创业环境的不确定性,创业机会与创业公司的复杂性,创业者、创业团队与创业投资者的能力和实力的有限性而导致创业活动结果的不确定性,就是创业风险。

一、特征

创业风险种类繁多,贯穿并交织于整个创业过程,但是这些风险具有一些共同的特征,如客观性、不确定性、双重性、可变性、可识别性、相关性等。

客观性:创业本身就是一个识别风险和应付风险的过程,风险的出现是不以人的意志为转移的，所以创业风险的存在是客观的。

不确定性：由于创业所依赖和影响的因素具有不确定性，这些因素是不断变化、不断发展的，甚至是难以预料的，因此造成了创业风险的不确定性。

双重性：创业有着成功或失败的两种可能性，创业风险具有盈利或亏损的双重性。

可变性：随着影响创业因素的变化，创业风险的大小、性质和程度也会发生变化。

可识别性：根据创业风险的特征和性质，创业风险是可以被识别和划分的。

相关性：创业风险与创业者的行为紧密相连。同一风险，采取不同的对策，将会出现不同的结果。

二、分类

创业风险类型主要有以下几种。

（一）按创业风险产生的原因划分

按风险产生的原因进行划分，可分为主观创业风险和客观创业风险。

主观创业风险，是指在创业阶段，由于创业者的身体与心理素质等主观方面的因素导致创业失败的可能性。

客观创业风险，是指在创业阶段，由于客观因素导致创业失败的可能性，如市场的变动、政策的变化、竞争对手的出现、创业资金缺乏等。

（二）按创业风险产生的内容划分

按创业风险产生的内容划分，可分为技术风险、市场风险、政治风险、管理风险、生产风险和经济风险。

技术风险：是指由于技术方面的因素及其变化的不确定性而导致创业失败的可能性。

市场风险：是指由于市场情况的不确定性导致创业者或创业公司损失的可能性。

政治风险：是指由于战争、国际关系变化或有关国家政权更迭、政策改变而导致创业者或公司蒙受损失的可能性。

管理风险：是指因创业公司管理不善产生的风险。

生产风险：是指创业公司提供的产品或服务从小批试制到大批生产的风险。

经济风险：是指由于宏观经济环境发生大幅度波动或调整而使创业者或创业投资者蒙受损失的风险。

(三) 按创业风险对资金的影响程度划分

按风险对所投入资金即创业投资的影响程度划分，可分为安全性风险、收益性风险和流动性风险。

创业投资的投资方包括专业投资者与投入自身财产的创业者。

安全性风险：是指从创业投资的安全性角度来看，不仅预期实际收益有损失的可能，而且专业投资者与创业者自身投入的其他财产也可能蒙受损失，即投资方财产的安全存在危险。

收益性风险：是指创业投资的投资方的资本和其他财产不会蒙受损失，但预期实际收益有损失的可能性。

流动性风险，是指投资方的资本、其他财产以及预期实际收益不会蒙受损失，但资金有可能不能按期转移或支付，造成资金运营的停滞，使投资方蒙受损失的可能性。

(四) 按创业过程划分

按创业过程划分，可分为机会的识别与评估风险、准备与撰写创业计划风险、确定并获取创业资源风险和新创公司管理风险。

机会的识别与评估风险：指在机会的识别与评估过程中，由于各种主客观因素，如信息获取量不足，把握不准确或推理偏误等使创业一开始就面临方向错误的风险。另外，机会风险的存在，即由于创业而放弃了原有的职业所面临的机会成本风险，也是该阶段存在的风险之一。

准备与撰写创业计划风险：指创业计划的准备与撰写过程带来的风险。创业计划往往是创业投资者决定是否投资的依据，因此创业计划是否合适将对具体的创业产生影响。创业计划制定过程中各种不确定性因素与制定者自身能力的限制，也会给创业活动带来风险。

确定并获取资源风险：指由于存在资源缺口，无法获得所需的关键资源，或即使可获得，但获得的成本较高，从而给创业活动带来一定风险。

新创公司管理风险：主要包括管理方式，公司文化的选取与创建，发展战略的制定、组织、技术、营销等各方面的管理中存在的风险。

（五）按创业与市场和技术的关系划分

按创业与市场和技术的关系划分，可分为改良型风险、杠杆型风险、跨越型风险和激进型风险。

改良型风险：是指利用现有的市场、现有的技术进行创业所存在的风险。这种创业风险最低，经济回报有限，即风险虽低，但要想生存和发展，获取较高的经济回报也比较困难，一方面会遭遇已有市场竞争者的排斥或进入壁垒的限制，另一方面即便进入，想要占有一定的市场份额非常困难。

杠杆型风险：是指利用新的市场、现有的技术进行创业存在的风险。该风险稍高，对一个全球性公司来说，这种风险往往是地理上的，常见于挖掘未开辟的市场。

跨越型风险：是指利用现有市场、新的技术进行创业存在的风险。该风险稍高，主要体现在创新技术的应用方面，往往反映了技术的替代，是一种较常见的情况，常见于公司的二次创业，领先者可获得一定的竞争优势，但模仿者很快就会跟上。

激进型风险：是指利用新的市场、新的技术进行创业存在的风险。该风险最大,如果市场很大,可能会带来巨大的机会,对于第一个行动者而言,其优势在于竞争风险较低,但是知识产权保护力度很弱,市场需求不确定,确定产品性能有很大的风险。

第二节 创业风险的识别

既然创业风险是创业过程中不可避免的现象,那么直面风险并化解之,是创业过程中的重要任务。

风险识别是应对一切风险的基础,只有识别了风险才可能有化解的机会,同时,风险也是一种机会,应该开拓、提高它积极的作用。

创业风险识别是创业者依据公司活动,对创业公司面临的现实以及潜在风险运用各种方法加以判断、归类并鉴定风险性质的过程。创业者都必须掌握风险识别的能力,并不断提高这种能力。

一、风险识别的基本理念

作为创业者,应该正确树立识别公司风险的基本理念,建立有备无患的意识、识别风险的能力、未雨绸缪的观念、持之以恒的思想、实事求是的精神。

有备无患的意识:创业风险的出现是正常的,带来一些损失也是正常的,既不能怨天尤人,也不能骄兵轻敌。关键的问题是要密切监视风险,减少损失,化解不利,甚至转化为盈利的机会。

识别风险的能力:发现和识别风险,是为了防范和控制风险。如果创业者在公司未发生损失之前就能够识别风险发生的可能性,那么这个风险是可能被管理的,因此,风险识别是进行风险管理基点。

未雨绸缪的观念:创业风险需要创业者通过创业活动的迹象、信息归类，认知风险产生的原因和条件，不仅要识别风险所面临的性质及可能的后果，更重要的是（也是最困难的）是识别创业过程中各种潜在的风险，为采取有效措施提供依据。

持之以恒的思想：由于创业风险伴随着整个创业过程，同时风险具有可变性和相关性的特点，所以创业者必须要有"持久战"的准备。风险的识别工作应该是连续地、系统地进行，并成为公司一项持续性、制度化的工作。

实事求是的精神：虽然风险识别是一个主观过程，但是必须遵循客观规律。风险识别是一项复杂而细致的工作，要按特定的程序、步骤、选用适当的方法逐层次地进行分析各种现象，并成为公司一项实事求是地做出评估。

二、风险识别的基本途径

创业风险的识别途径，重点从风险的来源上入手，即自然因素和人为因素两大方面。

自然因素，如地震多发区、台风多发区和炎热地区，这与公司的选址、项目有着密切关系。又如对于许多行业来说，必须注意到影响到原材料供应的矿产、能源、农产品以及交通问题。

人为因素。主要应了解一个国家或者地区的政经制度、法律政策、民情民俗以及公司周边的营运环境等。

三、识别风险的方法和步骤

在风险识别之后，就必须进行风险评估，这需要一定的专业知识，必须根据不同性质与条件，按照一定的途径，运用一定的方法，或者借助一定的工具来实施。

（一）基本方法

一般而言，风险识别的方法包括：信息源调查法、数据对照法、资产损失分析法、环境扫描法、风险树分析法、情景分析法、风险清单法。

有能力的公司也可以自行设计识别的方法，比如专家调查法、流程图分析法、财务报表分析法、战略分析法等。

(二) 实施步骤

第一，信息收集。首先要通过调查、问讯、现场考察等途径获得；其次，需要敏锐的观察和科学的分析对各类数据及现象做出处理。

第二，风险识别。根据对于信息的分析结果，确定风险或潜在风险的范围。

第三，重点评估。根据量化结果，运用定量分析、定性分析、假设、模拟等方法，进行风险影响评估，预计可能发生的后果，提出方案选择。

第四，拟定计划。提出处理风险的方法和行动方案。

(三) 实施中要注意的问题

第一，信息收集要全面。收集信息可以通过两个途径，一是内部积累或者专人负责；二是借助外部专业机构的力量。后者可获得足够多的信息资料，有助于较全面、较好地识别面临的潜在风险。

第二，因素罗列要全面。根据公司在运营过程中可能遇到的风险，逐步找出一级风险因素，然后再进行细化，延伸到二级风险因素，再延伸到三级风险因素。例如管理风险属于一级风险因素、管理者素质属于二级风险因素。

第三，最终分析要进行综合。既要进行定性分析，也要进行定量分析。

第三节 创业各阶段风险与防范

风险贯穿于整个创业过程，各个阶段的创业风险既有共同的特征，也有自身独特的特征。创业风险在各个阶段的表现形式也各不相同，所以应对和化解风险的方法和手段也不尽相同.有的类型的风险虽然始终存在，但是化解之道也随着时间、环境的变化而需要对症下药。

一、创业启动阶段风险来源及防范

(一) 创业启动阶段风险来源

1. 创意或创业计划的内容被泄露

由于创意或创业计划的内容被泄露，因而被人模仿甚至捷足先登，导致创业失去源头。在当今信息社会、激烈的市场竞争环境下，涉及关键商业机密的信息泄露事件屡有发生，往往给创业公司带来致命风险。其中，既可能有创业团队"内部人"作祟，也常有一些信息收集公司会将自己掌握的信息标价出售给共享信息公司的竞争对手。

2. 仓促上阵

首先是低估了创业起步阶段所需要的时间。从创业过程上来看，一家公司在盈利之前，必须完成大量的工作：寻找厂房、装修门面、安装设备、购入存货、联系客户等，同时，还要办理许多准备事项，如各种证件和手续，和政府的相关部门打交道等。不仅如此，创业初期，很可能没有几个顾客会来光顾你的公司，对这一点要有足够的心理准备。否则，要想在较短的时间内使你的公司产生效益，产生盈利，根本就不可能，这时候很可能就会失败。再次是缺乏创业经验，盲目上马。

从零开始创建一个公司，实际上对创业者提出了严峻的挑战。作为一个创业者，你可能需要做许多不同领域的事情，比如说销售、采购、融资、财务、设计、广告、生产、送货等。创业者可能在不少方面完全没有经验，此外，作为一家新创公司的决策者，他可能一开始还不适应他的这个新的角色。这不仅不利于公司的经营，而且很可能会犯一些低级错误，而有时这些低级错误实质上就是致命的错误。

3. 创业团队内讧

太多的创业者创业没有成功，其主要原因之一就是创业伙伴选择不当，败在创业伙伴之间的分裂。创业团队内讧通常经历三个阶段：第一阶段，公司还未见效益，就开始争利益，股份的大小、利益的多少、我吃亏了你占便宜了等；第二阶段，公司刚有起色，就开始为职、权、利你争我夺、钩心斗角；第三阶段，当公司开始盈利、红火成长时，开始闹纷争，斗得你死我活，最后公司也灭亡了。

4. 市场分析不到位，资源缺乏

创业要想成功，在很大程度上依赖于市场，没有市场也就没有创业。通过对创业机会的评价，若发现创业创意并不具备足够的市场潜力，或在创业之前错误地估计了市场，那么，就会导致整个公司失败的命运。也有一些创新产品，尽管很管用，但是可能因为昂贵的价格或者信息传递有误，也可能致使无人问津。所以，如果一家创业公司的主要产品没有市场，创业注定要失败。其次，是没能获得外部资本的支持或缺乏足够的流动资金。可能，创业者向风险投资者或预期的战略伙伴提交了精心准备的创业计划，但结果并未被看好，没能获得外部资本的支持；也可能，创业者一开始在固定资产、原料存货上投入过多，就容易造成资金匮乏。而没有了现金，你的公司可能运转一天都很困难。实际上，公司要在足够规模的购买量发生之后，才会有资金的回流。所以，创业者务必要充分估计创业初期资金的需求量、资金回流的时间，这有助于公司度过最初的难关。

5. 计划模糊

凡事预则立，不预则废。机遇从来都是垂青有准备的人。计划不明就意味着创业是盲目的，碰壁对你来说必不可免。计划是创业过程中指导性、方向性的东西，计划的错误或者不明确都会给创业者带来苦头，尤其是关键的步骤、关键的环节不明确，失败就会向你招手。

6. 选址不当

中国人办任何事情，都讲究"天时，地利，人和"。如果我们把"地利"狭义地理解为选择创业公司所在地的话，它在你的创业中所起的作用就十分重要了。在考虑选址的时候，房屋的租金、社区的环境、目标顾客群的地理关系、与供应商的区位关系、物流成本等，这些问题都应在你考虑的范围之内。选择公司的生产经营场所地址是一门学问，选址一旦出错就是致命的，特别是服务业创业，投资者必须慎重。以餐饮业为例，选址是决定一家餐馆或快餐店成败的第一要素。选址就是选顾客，选址错了导致客源不足，也就是能接受某一快餐店的产品、价格、服务、环境的潜在顾客数量不足，导致餐馆上座率很低，营业额难以实现盈亏平衡，甚至持续亏损。若开业一年仍不能扭亏为盈，很多餐馆很快就会倒闭。酒香也怕巷子深。有经验的人都知道，菜品质量、服务有问题还可以慢慢调整，如果选址错误客源不足，基本上无计可施了。

7. 轻视竞争对手

现代社会中，任何一个行业都存在着激烈的竞争，任何一家公司都有许多的竞争对手。所以，当创业者决定进入某个市场的时候，必须全面详尽地考察该市场状况。有些创业者对于市场和竞争状况缺乏深入了解，不了解竞争对手是谁，不懂得自己与竞争对手优势与劣势的比较，高估自己公司的竞争力；甚至，有些人认为自己的能耐最大，竞争对手不值得自己去研究。实际上的市场远不是那么回事，有些看似很好的产品，市场反应冷淡，一些不怎么样的产品，却市场热卖；有时，一个公司进入一个看起来似乎很和缓的新市场中，却有可能会引起价格战或者促销战，这样的情况在我国市场中并不少见。可见，市场具有很大的偶然性。此外，因受市场行业或业务准入限制，公司虽然成立但却无法开展预期的经营业务，成为空壳公司，也会导致创业失败。

8. 悲观

创业过程中，难免遇到挫折和困难，如果创业者是一个悲观主义者，一碰到暂时难以解决的问题就灰心丧气，再无当初的创业激情和雄心壮志，尤其是作为公司的领导者，当你身上有了悲观的迹象时，整个团队都

161

会被一种悲观主义的情绪笼罩。要知道，越是危机的时候乐观，对于一个创业公司就越发显得重要，然而悲观主义者在危急中失去了激情，失去了面对现实环境变化的灵活和机智，尤其是当一个团队都处于被危机压倒的状态时，失败就在所难免。我们反对头脑发热、盲目乐观，但一个极易悲观的人同样难成大事。

（二）创业启动阶段风险防范

风险与收益具有对称性，但高风险不一定就能获得高收益。降低创业启动阶段风险，最大限度使得创业成功，其核心是以人为本，在充分发挥各种有形无形资源的基础上，把风险防范、减少损失和搞好经营管理、扩大盈利相结合，从而达到风险与收益相统一。

1. 严格筛选项目

首先是项目初选。通常创业者应当选择自己熟悉的行业，同时地域上也必须较为邻近，以便于沟通和联络，在此基础上，再对项目内外环境进行信息收集、访谈和论证，进行详细评估，做深入的投资可行性研究。评估主要是针对具有商业价值的创新目标和创意，侧重市场目前的竞争态势和市场增长潜力。种子期、初创期所面临的技术风险和市场风险远比其他创业阶段高，因此创业项目遴选十分关键。

2. 有效保护商业机密

势单力薄的创业者通常希望寻找创业伙伴或者投资伙伴，补充自身或资金上或经营能力上的不足，从而增加创业成功的胜算。创业者在向潜在投资者透露对方考查该创意真正有独创意义的可行性所需的信息时，就一定要注意对该创意进行保护。然而创意本身又是难以保护的，这样，我们只能通过一些有效的方法保护创意的资本属性，确保创意人和以创意为基础的创业者的利益，让投资人对于商业创意和技术内容做出合适的有利于自己的股份安排。要达到这样的目的，可以通过以下几个方面来努力：

第一，商标注册。麦当劳、肯德基并没有任何有技术含量的产品，他们的最初商业创意仅仅是为司机等蓝领阶层提供快速、便捷、卫生的食品，它们正是靠商标来保护自己的经营服务特色。当然，麦当劳、肯德基已经超越了普通商标的概念，其品牌价值已经赋予了商标无形资产，也就是它已经拥有高额的资本属性。

第二，专利申请。如果商业创业基于技术发明，建议尽早申请、注册技术专利，尤其是对独有设计和新型实用专利，因为业务日后的成功与否很大程度依赖于专利的保护。但申请前一定要不断地提醒自己，你的专利是否可以被别人轻易地加以改进，从而导致他人的胜出。如可口可乐的配方至今仍是一个秘密，也从来没有获得专利，但可口可乐的味道很难被模仿。

第三，版权保护。很多产品往往够不上申请专利的标准，但它却是公司或个人投入了成本自行设计的，为了保护这一创意产品，就需要用到版权保护。我国的版权保护法律制度正在逐步完善，除了著作权法以外，还包括计算机软件保护条例、集成电路布图设计保护条例等专项法规。

第四，制度保护。在知识经济环境中，员工知识已经成为公司最为重要的资本，规范公司与员工的关系可以有效预防知识产权纠纷以及不正当竞争行为。比如公司与员工除了签订劳动合同以外，还要签订保密协议、同业竞争限制协议；在公司投入力量研发之前，先明确知识产权的归属等。

第五，保密协议。法律要求律师、托管人、银行职员等所有的人对客户的业务保守机密。风险投资家也同样对保守秘密非常重视，因为一个人一旦有了"偷猎"创意的名声，就很难再迅速地获得任何新的创意了。

3. 密切关注资金风险和技术风险

处于创业启动期的公司面临的最大风险是资金风险和技术风险。资金就如同种子发芽需要的水分一样，缺少了它种子就不可能发芽，而资金风险普遍是创业启动阶段的"命门"。首先，要认真筹划创业初始需要的融资或投资数额。融资时要考虑好准备借多少，能借到多少，最佳值应该是多少，风险有多大；其次，考虑公司的持续融资能力。注意公司在运营过程中，一旦缺乏资金支持，就很可能导致整个项目的流产和创业的失败，也就是常说的"最后一口氧"谁补给？因此，创业者要提前考虑好融资方法，并建立起快速融资渠道，以防万一；第三，建立财务"预防"机制，正确把握公司负债经营的"度"。公司可以负债经营，但要保持合理的负债比率。生产经营状况好，资金周转快，负债经营比率可以适当高一些；生产经营不理想，产销不畅时负债比率则要相对保持低一些。资产负债率的临界值为35%~65%。

此外，由于创业启动阶段公司的研发工作处于概念设计阶段，因此技术的可行性几乎无法判别和确定，所以处于该阶段的创业公司即使获得了少量的风险资金支持，也往往会因为技术问题而颗粒无收。

4. 注重建设营销队伍

吸纳、任用既掌握营销能力又掌握技术知识的营销人才，建设最坚强有力的营销队伍，这是防范市场风险最有效的办法。创业公司不一定拥有最好的产品和最先进的技术，但一定要拥有正确的营销理念和最好的营销策略。创业公司所要生产的产品或提供的服务除了要进行切实细致的市场分析和经济评估外，还要对产品生命周期的各个阶段可能引发的风险，制定合理的对策。对于导入期，应考虑产品能否被消费者接受，如何降低流通费用、促销费用、降损增利。

5. 采用迂回战术竞争

创业启动阶段与别人竞争不能搞正面战、阵地战，而应当搞迂回战术，干别人不敢干的，干别人不愿干的。要学会风险回避：对一些风险过大的方案应该加紧回避，坚持避免不必要的风险。

6. 设法分散或转嫁风险

不可避免，但可以分散和转嫁，特别是创业启动阶段。创业者的一个通病就是过高估计自己的能力,总以为自己无所不能,创业起始阶段的工作非常艰辛而又费时费力,不要试图独自解决一切问题,要积极主动地寻求合作和支持,这样有利于分散风险;转移风险的有效办法是去保险公司投保,公司的财产和责任、员工的健康、职工失业、均可以进行保险。例如财产投保,就是转嫁投资意外事故风险;以租赁代替购买设备是转嫁投资风险;个人独资承担无限责任,但几个人共同投资,就是有限责任就能分散风险。许多个体创业都对保险很忽略,但买保险是"小投入大保障",必不可少。

二、创业成长阶段风险及防范

创业公司成长阶段是指经过创业启动与起步阶段的万般艰辛和不懈努力,创业构想变成现实,公司开始真正产生商业价值,业绩、利润开始维持在一个较为稳定和较为满意的水平,可以说创业者的初始目标基本达到了。此时,新创公司步入成长和发展阶段。伴随公司步入快速成长阶段,创业后期的风险也接踵而至。

(一)成长阶段风险来源

1. 管理风险

成长阶段创业公司面临的最大风险是管理风险。步入快速成长期后,公司在迅速地开拓发展,这个阶段的公司,技术风险逐步消除,市场风险也变得很小,许多风险投资基金也开始一改往日的态度,变得非常主动,竞相投资。但是该阶段由于管理的幅度在不断加大,人员在急剧增加,生产规模在不断加大,资金规模在不断加大,市场区域在不断拓展等,这些因素都在迅速增加管理的难度。如何控制成本,如何保障质量,如何管理渠道,如何树立品牌等,正如人的成长要经历青春期的烦扰一样,这一阶段公司会涌现许多管理问题,管理的风险变得最大。如果不能及时解决这些问题,不仅会影响到公司的未来发展,也会影响到公司价值的体现。我们不仅需要优秀的创业者，更需要优质的公司。因此，创业者出于考虑公司未来的发展与自身命运这一战略问题，在快速成长阶段，应考虑在公司管理方面做些什么。然而每年仍有大量功败垂成的事实摆在眼前。

第一，未能建立有效的团队。在公司的规模比较小、经营的规模也比较小的时候，创业者还可以管理好自己亲手创办的公司，创业者们能够胜任当时的工作。但是，随着公司规模和经营规模的不断扩大，缺乏有效的管理团队和诸如生产、营销、人力资源、财务、技术开发等专业人才，公司运作就会越来越吃力，最后有可能无法控制公司。

第二，用人失误。创业初期，往往雇员不多，但是这些人数不多的雇员对公司的意义却非同小可。比如，创业者选错了助手，或者任命了不称职的人担任了公司的销售主管，那么就可能使创业者的公司走入困境。一个不称职的助手常常会使创业者的经营思路发生很大的变化，如果这种变化是不利于创业者的公司发展，那就会对创业者的公司发展造成不良的影响；而一个不称职的销售主管可能会使一个销路很好的产品没有了销路，这对公司的发展是毁灭性的。

第三，疲于奔命。创业成功后，由于人员增多，业务繁忙，公司面临的问题越来越复杂。然而，创业者习惯于发号施令，不懂授权，事必躬亲，唱独角戏；员工也习惯于接受命令，对创业者有依赖心理，从而导致创业者日常事务过多，工作量剧增。不可避免的结果便是创业者感到力不从心，不堪重负，以至顾此失彼。

第四，财务失控。创业成功后，公司开始有现金流入或者盈利，开始招聘、迁址、购置新设备、培训等，忙得不亦乐乎，于是管理费用急剧上升。公司经营的范围和地域也会扩大，管理开始变得复杂起来，财务问题也多了起来。在创业初期，大多数创业者都能做到开源节流、艰苦创业、勤俭节约，因为当时根本就没有资金供他们浪费，手里的钱省着花还不够用。可是当创业初步成功之后，公司有了资源，有了资金，在某些方面多花一些和少花一些并不明显，一些创业者认为苦尽甘来，放松了过苦日子的意识，不能很好地控制成本和费用。同时，随着管理幅度的拓展、管理层次的增加，使得创业者无法一一监督、评估决策的执行情况，对财务缺乏相应的监控机制与调控手段，因此，财务管理中的问题越积越多。

第五，市场反应迟钝。创业可能更多地依赖创业者对市场机会的把握、公司所从事的经营业务具有独创性或具有某种竞争优势。创业成功后，会有许多跟进者进入市场，公司的优势会逐渐减弱，竞争压力增大，业绩增长率会随之下降。另外，公司越是成功，创业者越是感到志得意满，往往对市场反应迟钝，不能根据市场变化及时调整产品和服务，导致失去主力市场，结果被竞争对手所淘汰。

第六，创新乏力。创业的过程就是不断创造与创新的过程，创新是公司的唯一生命线，失去创新，公司将停滞不前，甚至衰亡。进入创业快速发展阶段，创业团队容易陶醉于已经取得的成功，于是不愿继续艰苦奋斗、小富即安、贪图享乐的思想在公司蔓延，甚至会影响到创业者本人。这样，公司很容易失去继续创新的动力。

第七，新老员工冲突。包括创业者和管理者、新员工和老员工之间的冲突甚至会导致创业者被排挤而离开公司。新员工会说"我原来那家公司如何如何"，老员工会说"我们原来怎样怎样"。老员工讨论的是过去的"好时光"，说话办事都有一套他们自己的规矩。由于创业初期没有什么成文的规章制度，那些资历较深的员工就是公司的活档案，一旦他们离职，公司立刻就会陷入一片混乱。而对于新员工而言，由于公司没有定规，规章制度束之高阁，一切都感到困惑不解。另外，创业者往往多方关照那些曾经追随自己多年的员工，因此，老员工在公司里有极高的权威，而新招聘的员工则考虑的是自己的生存、事业和前途，于是，新员工成了挑战老员工的对立面。

2. 盲目冒进

当创业公司初具规模，小有成就时，许多公司容易被自己营造的区域性知名度冲昏头脑，有时甚至觉得无所不能，不顾实际扩大经营和盲目多元化发展，开拓超越实力的大市场，摊子铺得太大和对新业务不甚了解，难免会出现失误，从而侵蚀公司的利润，不断地拓展不相关的行业往往导致资金链断裂而破产。像这样在获得巨大成功后又遭遇失败的惨痛教训实在不少，他们的共性在于：普遍盲目扩张、发展速度太快，而人员、资金、管理三大要素相对滞后，公司发展根基脆弱。这三大要素中的任何一个问题出现时都会引发本不稳固的公司整体发生塌方。

3. 用心不专

第一种是"花心病"，当公司有了一定实力，就开始"对外搞活"，不再专注于主业，移情别恋，想再找能挣大钱的项目干干。这种愿望很好，但发展思路超越了公司经营能力和公司实力，往往以失败告终。第二种是多动症，比如一家生产啤酒的公司，觉得碳酸饮料能挣钱，就开始研制碳酸饮料，后来发现果汁饮料是未来发展趋势，于是就改生产柠檬茶，之后又改成这个汁那个汁，这并不是产品系列化，而是狗熊掰棒子，手里只剩一个，变来变去，变没了公司辛辛苦苦铸就的品牌和形象，从而失去了最重要的核心竞争力。第三种是虚胖症，和花心病相似，创业初步成功后开始向多业并举的态势迈进，但主辅业不分，大都是亏本的多，挣钱的少，基本是拆了西墙补东墙，说起产业来如数家珍，其实都是"夹生饭"，亏本买卖。

4. 小富即安

一种是近视症：创业者目光短浅，小富即安，不思进取，排斥新的融资方式与能人参与，排斥现代营销理念，看不到更为广阔的市场，甚至产生自卑心理，否定自身可以发展壮大，不敢找高手竞争，由于目光狭隘，形成公司"弱不禁风"的体质，往往导致公司市场的萎缩而逐渐失去竞争力。另一种情况是走老路，走老路就是人们常说的离不开老本行，以前在干什么，以后还想干什么。笔者有几位朋友，在服装业的圈子里转悠了几年后，想出来自己投资做点事情。在选择项目时，总是离不开服装。他们说，只知道服装能赚钱，自己还熟悉市场，除此之外，不知还有什么行业适合自己。这就是被老本行捆住了思想和手脚。对他们而言，走出这个圈子，也许就会有广阔天地，可以大有作为。正是因为有很多创业者走不出这个圈子，创业时按固有的模式和套路操作，一成不变导致失败。

5. 家庭压力

作为坚实的后盾，家人在创业过程中给予了创业者无私的奉献，他们当然希望创业者能够获得成功。创业初步成功后，配偶希望创业者更多地关心家庭，儿女希望创业者能够尽到父母的责任，而创业者则在这个阶段比以前更忙、更累，根本无暇顾及家人，于是家庭压力开始增大。如果说创业过程中公司是根据危机进行管理，那么创业成功后是管理造成了危机。创业者必须认真考虑和解决创业快速发展阶段的管理危机问题。

(二)成长阶段的风险防范

1. 尝试授权

创业成功后两个主要因素会导致创业者考虑开始授权：一是管理问题变得又多又复杂，创业者不堪重负；二是员工渴望分享权力，希望得到更多的空间与舞台来发挥自己。创业过程中，创业者主要是通过集权来实施管理。创业成功后，创业者需要授权，但不要分权。所谓授权是指在公司内由上向下分派任务，并让员工对所要完成的任务产生义务感的过程。所分派的任务可能是制定决策，也可能是执行决策。当所分派的任务是实施一项已经制定的决策，并且所授予的权力本质上对全局没有影响时，称其为"授权"。但如果所分派的任务就是制定决策，也就是说，让员工决定应该实施的内容，则称为"分权"。分权容易产生离心力，员工会自作主张，而公司此时所需要的是向心力，否则创业者就会失去对公司的控制。

当然，从集权到授权，创业者往往会感到胆战心惊，害怕失去对公司的控制，所以，创业者授权实际上准确的含意是："只准你们做我自己才会做的那种决定。"

最有效的授权是由创业者拟定哪些问题由自己来决策，哪些工作可以授权给员工去完成，哪些工作需要员工定期汇报，哪些工作可以放手不管。一般而言，创业者需要审批销售计划、财务预算、生产计划，至于销售人员的行为管理、客户拜访计划、销售汇报、车间作业计划、生产排班、加班申请等就可授权给中层管理人员负责。当然，财务报账签字和人事安排等重要业务，创业者还是应该由自己来掌控，以防止费用的上涨以及人事矛盾的出现。这里，创业者也可以向一些管理人员授予一定额度的签字权。通过把一些日常性的、非核心的工作授权给中层管理人员，创业者就可以把自己从繁重的事务工作中解脱出来，把更多的精力集中在战略性问题的思考上。当然，创业者实现个人或公司的创业目标后，可以选择急流勇退享受生活，从而真正解脱。

2. 完善组织架构，规范公司章程

创业过程中，创业者和公司只是对各种市场机会作出反应，而不是有计划、有组织、定位明确地开发利用自己所创造的未来机会。那时创业者不是在左右环境，而是被环境所左右；不是驾驭机会，而是被机会所驱使。相应地，公司的行为是被动的，而不是主动的、具有预见性的，布置任务不一定是根据员工的岗位和能力，其典型的状况就是因人设事，因人设岗。创业者常常会依习惯直接给下属安排工作，而不会依照工作流程行事。创业成功后，公司为了更好地发展，必须建立一整套完善的组织架构来有效地执行决策，有计划地完成公司的既定目标。创业者不必奢求一步到位，也不要期望建立一套能持久不衰的组织架构，因为公司的组织架构也需要根据公司的目标和发展阶段来进行调整，不可能一劳永逸。创业者应该尝试围绕工作本身来进行组织，打破围绕人来组织的旧习惯，力图通过公司组织来实现自己的管理决策和管理理念。通常的做法是创业者或公司委托外部咨询公司，或者聘请具备丰富管理经验的职业经理人来帮助搭建组织架构。最稳妥的方式是先健全、完善辅助管理部门如行政部门、财务部门和服务部门等部门的组织设计与调整，然后是价值增值部门的组织调整，如生产部门和营销部门（或销售部门）等，这样做能在最大程度上稳定公司的经营。设计公司组织架构时，创业者可以运用一些非常规的小技巧，例如，多设置几个管理岗位，但并不安排人员，这样，对员工是一种吸引力，会起到正面激励员工的作用。如把三级销售组织结构调整成五级，效果会非常明显。当然创业者还需要明白，在管理体系完善之后还应重视简化公司的管理层级，防止官僚管理的出现。此外，不仅仅是简单地设计公司的组织架构，同步需要进行的工作是完善、健全公司的管理制度和规章。

3. 建立风险责任机制，趋利避害

创业公司风险责任机制是根据创业公司的风险控制规划和实施方案，确定相应的责任主体，做到风险管理工作各有其主，各司其职，各负其责。同时要建立和不断完善风险控制目标体系和风险报告制度，创业公司内部各风险管理运作主体要严格按照既定目标要求和具体标准从事相应的监控和管理。

首先，要通过分析，主动预测风险可能会带来的负面影响。例如，投资一旦失误，可能造成多大损失；投资款万一到期无法挽回，可能造成多大经济损失；贷款一旦无法收回，会产生多少影响；资金周转出现不良，对正常经营会造成哪些影响。

其次，是积极预防风险。例如，对投资方案进行评估，对市场进行周密调查，制定科学的资金使用政策等。一旦某个环节出了问题，要有采取补救措施的预案，尽可能减少负面影响。同时，通过加强管理，特别是合同管理、财务管理、知识产权保护等，建立健全公司各项规章制度，在平时的业务交往中认真签订、审查各类合同，加强对决策过程和合同履行过程的监督。在经营活动中有所为、有所不为，经营什么产品，选择什么样的市场，都要仔细衡量，发挥自己优势特长，干应该干的，干可以干的，趋利避害，扬长避短，以变制胜。所谓"适者生存"，强调的就是"变"，创业者要适应外部环境的变化，随时做出调整。

最后，还要学会减少风险和转移风险。对无法回避的风险，应当设法分解和转移风险。比如，尽可能将风险大的项目外包。对于风险较大的投资或经营活动，可以将这个项目分解成许多小的项目，再将其中风险较高但别人能接受的部分分包给别人去做，共享收益、共担风险；不拒绝必要的合作和规模化经营。如果所从事的领域需要较强的实力，请不要拒绝与他人合作，而应是积极主动地寻求合作帮助，往往在共同发展的背后是风险的共同承担；公司还应建立风险预警机制和风险控制体系，如及时与政府部门沟通获取政策信息；在开发新产品前，充分进行市场调研，决策多方案优选、相机替代等；对于即将出现的而自己无论如何都承受不了的风险，为了求得长远发展，可以采取逃避策略，果断退出，通过放弃眼前局部利益以渡过难关；对于已经酿就的重大风险，往往需要牺牲某些甚至是全部利益，又如申请破产保护以求得再生。

4. 网络人才，完善激励机制

创业过程中，创业者与员工承担着巨大的风险，需要彼此风雨同舟，共渡难关。创业初步成功后，创业者关注的是未来的更大事业，而员工更关注现在的既得利益。如果处理不当，创业者会受到指责——"同患难易共富贵难"，会承受巨大的情感压力，有时甚至会感慨"没钱容易有钱难"。如果公司是合伙建立或几个人共同创立的，有时难免会因为利益分配而出现公司的裂变，给公司造成伤害，甚至一蹶不振。如果合伙关系出于家庭或家族内部，亲情关系的矛盾更是难以逾越的障碍。另外，随着公司的扩大，新员工不断加入，他们更多的是一种职业选择，创业者需要考虑建立有效的机制来维系公司所需要的更多优秀员工。

人才是公司发展的关键，人力资本是公司的核心资本。因此，快速成长阶段的公司应该考虑建立一整套有效的激励机制，既能保障老员工或合伙人的既得利益，又能吸引新员工，真正凝聚更多的优秀人才，使公司得以稳步发展。解决方案的核心是紧缺骨干人才队伍的开拓建设和培养。此处的开拓建设是指贯彻"良将一名，胜似千军"的理念，通过用事业和重金双管齐下的方式，引进同行业相关公司骨干，充实到管理一线指挥作战。而培养，主要指通过提拔自身公司内优秀员工，大胆使用，帮助和鼓励他们尽快成长。处于快速成长阶段的公司，不可避免地存在经验的欠缺甚至没有经验可言，设计激励机制时，创业者要与员工达成有效的沟通，尽量做到一视同仁，尽量避免特例或特殊照顾，要让员工理解和接受。当然，"老人老办法、新人新制度"是创业者常常需要遵循的原则。

创业者不能仅仅关注激励机制的内容，更重要的关注激励的过程和结果。激励制度要严格执行，及时奖惩，让员工感到激励机制确实是有效的承诺和强大的奋斗动力。这样，无论是期权等制度安排，还是金钱等物质刺激，都能发挥应有的作用。当然，除了激励机制以外，良好的公司前景对于优秀人才也具有很强的吸引力和凝聚力，这就需要在这个阶段维护和提升公司的经营业绩，规划好公司的未来发展。创业初步成功后，无论创业者如何处置公司，如何选择自我命运安排，规避和解决公司这个阶段所出现的管理危机问题，无疑需要创业者认真对待。创业者不仅仅要注重创业历程和创业后的自我命运，更应该在创业成功后，通过提升管理水平、制定正确的发展战略来为公司未来的发展奠定基础。当然，创业者也要更多地抽出时间和精力关心家庭、温暖家人，并经常与家人沟通，以获得他们的支持，这也是必不可少的。

5. 发展核心竞争力

保持竞争优势是每个公司得以持续成长的关键。新创公司必须选择、培养和不断发展核心竞争力才能取得并保持竞争优势，这是公司生命力所在。根据核心竞争力理论，对公司竞争优势起关键作用的知识和能力被普拉哈拉德和哈默称为核心竞争力。核心竞争力实质上是组织内部一系列互补的知识和技能的独特的组合体，当这些资源被组合到业务流程之中，组合的独特性往往能为顾客带来更多的价值，组合的复杂性又常常使得竞争对手难以模仿，因而能够使得公司确立竞争优势，顺利实现规模扩张。核心竞争力也叫核心专长，培育和发展核心竞争力必须让公司寻找出属于其自身的核心专长，然后在这个核心专长上与他人竞争。

所谓核心专长是指拥有别人所没有的优势资源，这项资源可以是人力、产品、品牌、技术、流程、营销能力、公司文化及价值等。我国中小公司核心竞争力主要体现在市场营销能力上。市场决定了公司的生命，失去市场或市场狭小，都会导致创业的失败。竞争优势可以为公司带来更多的利润，但是随着竞争对手的学习、模仿和攻击，竞争优势会随着时间而逐渐丧失。此时，如果不采取有效措施，公司就会逐渐衰退，陷入亏损甚至是破产的境地。而这个有效措施就是，处于快速发展阶段的新创公司必须研究并确立自己的发展战略。

公司战略体现在公司依据自身的特点选择一个较小的产品或服务领域，集中力量进入并成为当地市场第一，再从当地市场到全国、到全球市场，同时建立各种进入壁垒，逐步形成稳定、持久的地位和竞争优势的全部过程。只有确立和选择了正确战略，并在其指引下不断实施成功的战略行动，才能在竞争对手成功学习、模仿或者攻击之前，建立起公司新的竞争优势，使公司的利润永远处于盈亏平衡线以上，这才是快速成长中公司永葆青春的秘诀所在。

第四节 创业危机管理

　　危机管理这一概念是美国学者于20世纪60年代提出的。作为一门学科，它是决策学的一个重要分支，首先被用于外交和国际政治领域。由于国际经济的发展，特别是跨国公司在全球的兴起，人们开始将"危机管理"理论引进公司。对公司危机管理的研究，目前仍处于发展中，学者的看法也不尽相同，多数定义不同程度地存在只注重公司受到打击后的应付对策，而忽视了危机的两重性特点。本书赞同这样的观点："危机管理"是公司为了预防、转化危机而采取的一系列维护公司生产经营的正常进行，使公司摆脱逆境、避免或减少公司财产损失，将危机化解为机遇的一种公司管理的积极主动行为。危机本身既包含了导致失败的根源，又蕴藏着成功的种子。实际上，公司发生危机，是公司面临危险与机遇的分水岭。危机是一种挑战，是对公司管理领导能力和公司管理素质的考验和挑战。出色的公司管理者可以使濒临绝境的公司转危为安，从危机中找到商机。危机事件一般可划分为四个时期，即潜伏期、爆发期、发展期和控制恢复期。与此相对应，创业的危机管理也被划分为四个阶段，即危机的预防、危机的确认、危机的控制和危机的化解，而后面三个阶段属于事后管理，可归纳为危机的处理。

　　俗话讲"防火胜于救火，防灾胜于救灾"。危机管理最有效的措施是危机的预防。对于公司来说，危机无时不在。创业公司更是如此，必须充分认识防范危机的重要性。预防阶段危机管理工作的特点，概括来说就是：细致、敏锐和持之以恒。因为，必须观察和发现异常，并由此捕捉危机事件的征兆。这一阶段的危机管理工作最突出的就是信息管理。为了解使公司决策层和大多数员工在危机始发时能更快地、更准确地做出反应，公司必须建立一套预警系统来帮助公司决策层和员工应急准备，以应付危机的发生，防患于未然。

一、危机预防

商海行船，不可能一帆风顺，或有惊涛骇浪，或遇暗礁险滩。这就要求公司一方面要建立危机防范系统以降低危机的发生概率，居安思危，在公司顺利发展阶段，找出隐性危机，树立危机意识；另一方面，要建立危机管理系统，在公司面临危机时，及时找出危机发生的原因和提出可行的处理方法，从而有助于减少危机发生时所带来的破坏和损失，有助于危机防范策略的实施和改进。危机管理的功夫，不在处理，而在预防，正所谓防患于未然。事实上，几乎所有的公司危机都是可以通过预防来化解的。一般说来，危机事件的发生多半与公司自身的行为过失有关，或是因为违反法令，或是因为不解民情，或是因为管理失当，或是因为产品、服务质量缺陷所致。当然，其中偶然也有因政府行政过失，媒介妄言轻信，或消费者贪婪鲁莽而起，但多数还是根在公司，责在自身。正因为如此，公司才能通过预防措施，减少甚至杜绝危机事件的发生。

（一）提高危机意识，加强危机管理

提高危机意识、加强危机管理业已成为公司界的共识。一方面各级政府对危及公众利益事件惩治力度的加大，公众维权意识以及媒体传播力度和广度的空前提高；另一方面大部分公司虽然危机意识有所提高，但还是暴露出对危机缺乏系统的管理机制，预警不到位、不及时，危机管理缺乏经验，特别是缺少训练有素的危机管理人员。公司任何行为都是通过人的行为来实现的，因而对公司员工进行危机管理教育和培训就显得十分重要。而危机管理教育之先则在于提高危机意识，让全体员工都明白危机管理的重要性和必要性，提高员工对危机事件发生的警惕性。其次，在于加强危机管理，包括培训员工的生产和服务技能，保证公司产品或服务的质量，减少公司自身错失的机会。再次，是培养员工合作与奉献的精神，即

与同事合作，减少内部管理摩擦；与政府合作，减少公司违法违规的机会；与商业伙伴合作，减少与伙伴的争执与纠纷；与消费者合作，减少消费者对公司产品或服务的不满与抱怨；与新闻媒体合作，减少媒体对公司的误解与曲解；最后便是尽公司社会责任、教育职工奉献社会的精神。

（二）建立健全公司保障机制

符合危机管理要求的公司保障，要求公司在进行危机管理设计时，必须考虑到以下几个问题：

第一，确保公司内部信息通道畅通无阻，即公司内任何信息均可通过公司适当的程序和渠道传递到合适的管理层级和人员。

第二，确保公司内信息得到及时的反馈，即传递到公司各部门和人员处的信息必须得到及时的反应和回应。

第三，确保公司内各个部门和人员责任清晰、权利明确，即不至于发生互相推诿或争相处理。

第四，确保公司内有危机反应机构和专门的授权，即公司内须设有危机处理机构并授予其在危机处理时的特殊权利。如此一来，公司内信息通畅，责权清晰，一旦发生任何危机先兆均能得到及时的关注和妥善的处理，将不至于引发真正的危机。

（三）充分的资源准备

公司预防危机的资源准备分为人力资源和财力资源两个部分，但其中最为关键是人力资源准备。处理危机事件，关键在人，而不在物或其他。而这种人力资源的准备既要有公司内部的人力资源，也要充分利用社会上的相关人力资源即外部人力资源。公司内部的人力资源准备主要集中在建立公司自身的精英队伍，其中包括产品技术精英、生产行家、售后服务专家、法律顾问、人力资源专家和谈判能手；而外部人力资源的准备则在于行业专家、学者、媒体精英、政府官员和专业人士等。由于危机处理对于参与人员的素质要求很高，这些人员如果不能进行提前准备，就很难在危机发生时找到合适的人员，从而延误时机并导致处理失败。

尽管每个公司都可能会遇到危机事件，但很难想象每个公司都能建立起一套行之有效的危机管理体制并储备足够的危机处理资源，当然这主要指的是人力资源。这样一对矛盾的存在，自然也就孕育了一个充满生机的危机管理中介服务市场，这也符合当前社会分工日渐专业化的趋势。虽然目前中国危机管理专业服务市场尚不发达，但显然已有公司注意到了这个商机的存在。一些公关公司、管理顾问和咨询公司相继推出了危机管理服务项目，其中重点是危机处理服务。

一个成熟的专业化危机管理服务机构，其核心资源乃是其人力资源和关系资源。人力资源部分至少应包括：法律专业人士、管理专业人士、谈判专家、媒体管理精英、政府关系管理精英等；而其关系资源中则应包括著名专家学者、社会知名人士、政府离退休高官、社团领袖和一流管理智库。

公司在无法或没有建立专门的危机管理体制时或自有的危机体制无法发生作用时，公司可以充分借用外脑即专业的危机管理服务机构来为公司提供危机管理或危机处理服务，以避免自己无力处理而勉强为之带来的巨大损失。一般情况下，专业机构的服务水准高于公司自身的能力，因为专业人员更富有经验和专业素质，而且他们在处理危机时不受情绪的干扰，这是公司自身危机处理小组较难做到的。

二、危机处理方法

当公司面临各种危机时，不同的危机处理方式将会给公司带来截然不同的后果。成功的危机处理不仅能成功地将公司所面临的危机化解，而且还能够通过危机处理过程中的种种措施增加外界对公司的了解，并利用这种机会重塑公司良好形象，即所谓因祸得福，化危为机。与此相反，不成功的危机处理或不进行危机处理，则将置公司于极其不利地位：以新闻媒介为代表的社会舆论压力将使公司形象严重受损；危机来源一方的法律或者其他形式的追究行动将使公司遭受巨大的经济损失；公司员工因为无法承受危机所带来的压力而信心动摇甚至辞职；新老客户纷纷流失等。

对于危机的处理是公司经营管理活动中不可或缺的一个环节。在很多跨国公司里，公司设有专门的危机管理机构，且一般其主管都是由公司首席执行官兼任。在这些危机管理机构中，大多数人员都是兼职的，而且其中绝大多数都是由公司部门主管以上人员和公司外聘顾问组成，这样的组织结构保证了公司在面临危机时的反应速度和效率，从而确保了对危机事件的成功解决。而在中国的公司里，基本上看不到这样的公司机构存在。在很多企业家的眼里，公司危机是无法预测和无法管理的，因此他们不可能为此设立专门的管理机构，当然也没有这方面的人才准备。所以，一旦发生危机事件，很多公司往往采取逃避的态度，希望通过躲避来减轻事件的危害性甚至解决危机，这种想法事与愿违，公众没有得到明确答复时，会加剧对危机的误解，而产生更大的危机。还有公司在发生危机事件时六神无主，惊慌失措，继而应对失策，导致全盘皆输。

任何事物都不是空穴来风，多数危机在爆发前都会出现或多或少的征兆或迹象，只是在危机真正爆发之前，这些蛛丝马迹的预警信号往往没有引起人们的注意和足够重视而已。世界是可知的，作为客观存在的公司危机也是可知的。公司危机的可知性是说，公司危机是可以认识的，可以预测的。公司危机与公司发展相伴而行，公司危机的形成与发展也有一个过程，有其自身的规律。公司危机发生前总会有不同程度的前兆，即信号。

（一）危机前兆信号

公司危机出现前兆主要表现在：管理者行为方面，不信任部下，猜疑心重，对部下的建议听不进去，一意孤行，固执己见，使员工无法发挥积极性。对员工要求严厉，对自己要求宽松，执行双重道德标准，上下之间积怨甚深等；在经营财务方面，销售额经常收益率和经常收益增长率大幅度下降，负债比率大幅度升高，自有资本率大幅度降低，拖欠业务付款，拖欠员工工资等；经营策略方面，计划欠缺慎重周密，对产品任意调价，在市场变化或政策调整等外界变化发生时，无应变能力。投资与本行不相干的行业，从事买空卖空的投机等；经营环境方面，市场发生重大变化，出现了强有力的竞争对手，公司内部不和，谣言四起，中坚力量陆续辞职和调离，内部管理出现不协调迹象，有不守信用的行为发生，受到新闻界、政府部门"曝光"，社会公众舆论哗然等。如果出现了上述前兆，那就预示着一场危机即将到来。公司应当从各个渠道及时捕捉到这些征兆信号，并对这些征兆信号进行分析和判断，及时进行必要的防范，确保公司的某些薄弱环节不至于转变为危机。

（二）危机化解

当公司利益与社会利益发生严重冲突的时候，在极短时间里公司应变危机的态度和行为，将直接影响一家公司的长期发展甚至是生死存亡。

1. 化解原则

危机化解是危机管理的主要环节。一旦公司发生危机事件，危机化解就显得极为重要，因为它事关公司的生死存亡。危机化解是一个综合性、多极化的复杂问题，公司在进行危机化解时，必须遵循一些基本的原则。第一，高度重视，高层躬亲，不能掉以轻心，麻痹大意；第二，及时反应，即时处理，不能拖拖拉拉，贻误战机；第三，高瞻远瞩，顾全大局，不能斤斤计较，因小失大；第四，合理合法，有取有舍，不能以非抑非，无视国法；第五，亡羊补牢，整顿提高，不能伤好忘痛，一犯再犯。危机管理根本性取决于公司战略，取决于站得高、看得远。战略方向是错误的，转"危"为"机"难上加难；连自身一贯的公司信条都没有的公司，危机管理将缺乏直接的理念指导。危机管理的核心是危机公关，既涉及对外各利益相关方，也必须重视对内员工的危机教育。

总体而言，以下危机化解的做法值得借鉴：第一，积极与消费者沟通，争取主动性。第二，指定新闻发言人，保证信息统一性和畅通性。

第三，以真诚的态度面对消费者。索尼在致消费者的通知函中，虽含蓄却完整地表达了对消费者的"4R"公关原则：遗憾（Regret）、改革（Reform）、赔偿（Restitution）、恢复（Recovery），即一个组织要表达遗憾、保证解决措施到位、防止未来相同事件再次发生并且提供合理和适当的赔偿，直到安全摆脱这次危机。

2. 化解步骤与方法

公司在遵守上述化解原则与方法的同时，还须按照合理的程序来化解危机事件，方可做到临危不乱，张弛有道。一般来说，危机化解应按如下的程序来进行。

第一，听取危机事件报告及评估。危机事件的发生往往十分突然而且来势汹汹，但这绝对不能影响作为公司最高负责人的头脑冷静。因此，当危机事件发生时，公司负责人首要的事便是召集公司高层听取关于危机事件的报告。报告应由一线员工或亲历员工汇报，力求准确、全面、详尽、客观。不能对危机事件的重要细节隐而不报，且必须站在客观的立场进行报告。因为多数时候汇报人在汇报时会有意无意地为自己或为公司开脱责任，隐瞒一些可能涉及自己或公司责任的事实或情节，从而影响对危机事件的全面正确评估。当最高负责人和高层人员听完汇报之后，必须在最短的时间内对危机事件的发展趋势、对公司可能带来的影响和后果、公司能够和可以采取的应对措施以及对危机事件的处理方针、人员、资源保障等重大事情做出初步的评估和决策。

第二，组建危机处理小组。当公司最高负责人对危机事件做出了初步的评估和决策之后，紧接着的工作便是成立危机处理小组。危机处理小组的职权应为处理危机事件的最高权力机构和协调机构，它有权调动公司的所有资源，有权独立代表公司作出任何妥协、承诺或声明。一般情况下，危机处理小组应由公司最高负责人担任小组负责人。小组的其他成员，至少应包括：公司法律顾问、公关顾问、管理顾问、业务负责人、行政负责人、人力资源负责人和小组秘书及后勤人员。危机处理小组在必要时可分为两个小组，即核心小组和策应小组。核心小组主要由公司最高负责人、法律专家、公关专家、业务专家和谈判能手组成；策应小组由行政负责人、业务负责人、人力资源负责人和其他后勤人员组成。其中，核心小组的任务是执行谈判、交涉、决策和协调任务；而策应小组则是负责实施解决方案和提供后勤资源保障任务。

第三，制定危机处理计划，全面调配物质资源。危机小组成立之后，首要的工作便是根据现有的资料和情报以及公司拥有的可支配的资源来制定危机处理计划。计划必须体现出危机处理目标、程序、人员及分工、后勤保障和行动时间表，以及各个阶段要实现的目标。其中还必须包括社会资源的调动和支配，费用控制和实施责任人及其目标。计划制定完成并获通过后，策应小组便立即开始进行物质资源调配和准备，而核心小组成员则要立即奔赴危机事件现场，展开全面的危机处理行动。

第四，危机化解。核心小组在到达危机事件现场后，需首先进行事件的了解和核实，发现是否有与汇报不符的事实和情节，如有则需立即进行针对性的调整危机处理计划，如无则按原计划进行。危机处理根据危机事件的性质和情况不同，一般按如下方式进行处理：如果危机事件尚未在媒体曝光，则必须控制事件的影响。在对事件进行充分调查了解的基础上，根据法律和公理，果断做出处理决定。在这一阶段，公司可以在合理合法的前提下，适当让步，争取牺牲小利换来事件的快速处理，以免因事态的进一步恶化所带来的无法控制的局面和公司声誉的损失。但同时需要注意的是，在该阶段的处理方案中，必须包括对危机事件另一方的保密责任和违约责任进行严格的规定，以防其事后反悔，从而导致公司被动。

如果危机事件已由媒体公开并已造成广泛影响，则危机处理应将重点转到媒体公关上来。当然，对危机事件本身的处理也需尽快完成。对媒介的公关，主要方式是让媒体了解事实真相，引导其客观公正地报道和评价事件。如果事实真相对公司不利，则危机处理小组必须表现出真诚的悔意和改正的决心，并强调该次事件的偶然性和公司的改正措施及时间表，以及公司承担责任的方式和范围，以取信于媒体和公众。如果事实的真相对公司有利，则危机处理小组必须充分利用媒体揭示事实真相，让媒体充分了解事件原委并引导其对事件本身进行客观的报道和评论，努力塑造公司的受害者形象，博取舆论的同情，特别要注意对此前那些对公司进行过负面报道的媒体不要指责，而要引导其视线，唤起其良知和公义之心，让其自行对此前的报道进行更正。与此同时，危机处理小组还需通过法律专家和顾问，向危机事件的另一方施加法律行动的压力，迫使其承认过错，承担责任，达成解决方案。

危机处理小组在通过引导媒体进行事件报道的同时，需对公司的经营状况、业绩、产品和服务的特色以及公司文化等进行广泛的宣传，让关注事件的公众更多地了解公司和认同公司。在必要的情况下，还可以对公司的发展战略和经营计划进行适当的介绍，或是对与危机有关的公司产品或服务进行详细的介绍和说明，以期引起舆论的关注和兴趣。这就是所谓的利用危机、化危为机、将坏事变成好事。在危机处理过程中，不论与媒体或是与另一方当事人打交道，危机处理小组都必须注意权衡利弊得失，相机而动，随时调整处理策略，切忌冲动和斤斤计较。除此之外，危机小组在处理过程中还需与当地政府保持联系，必要时可寻求当地政府支持和帮助。所有的危机处理过程中，都必须注意尊重当地习惯和风俗，尊重当地的文化和宗教，其中当然包括对对手的尊重。公司的生存发展是百年大计，而危机事件只是其中一个插曲，公司必须将目光放远，该取舍时果断取舍，不能拘泥于一时一事。公司在危机处理过程中的所有表现将被舆论视为公司的一面镜子。

公司在危机处理过程中所表现出来的风度和态度，真诚和善意以及牺牲和妥协都将成为公司形象的一个重要部分。因此，所有参与危机处理的人员必须自始至终表现出良好修养，不得因个人行为而影响公司的形象和声誉。反之，公司则应利用这样的机会，在公众心目中树立公司的正面形象。公司危机处理的过程，从一开始就应被视为公司与社会公众沟通的一个过程。无论危机事件涉及的对手是个人还是公司；是政府还是新闻媒介，都应充分利用这个机会广交朋友，特别是与新闻媒介和政府打交道的时候更是如此。实践证明，一次成功的危机处理，往往能为公司带来新的关系资源和公众支持。

第五，汇报结果，总结经验教训。危机事件解决方案的达成和实施，并不意味着危机处理过程的结束。对公司来讲，最为重要的危机处理环节便是总结经验教训。这个环节之所以如此重要，是因为公司可以从这个环节中发现公司经营管理中存在的问题，并且有针对性地进行改进和提高。

在危机处理过程中，公司往往会发现一些平时未能发现的问题，特别是与引发危机事件有关的问题。这些问题中有些是偶然的，有些是制度性的，有的则是人为造成的。随着危机事件的处理，这些问题也逐渐暴露出来，而且这些问题的暴露还会引发一些与之相关联的或者本身虽然与危机事件无关但也是很重要的问题。公司可以通过对暴露出来的问题做出分析，进行必要的改革和调整，从而避免公司犯类似的或更大的错误。

同样，在危机处理过程中，公司也会发现一些平时未能发现的长处，或是未能发现的资源。这样的发现将有利于公司将这部分资源进行有效的利用或将这部分长处进行进一步强化，出其重要性。

除此之外，公司还可以通过危机处理来积累包括危机处理经验在内的各种经验，建立起一些平时没有机会建立起的社会关系资源，如媒体关系、政府关系或是与消费者的互信关系。一些更成功的危机处理还会通过危机处理来进行公司广泛的正面宣传，扩大公司的社会影响，提升公司的知名度和美誉度，从而积累公司的品牌资源。

3. 危机恢复管理

公司危机管理的最后一个课题乃是在危机处理完毕之后，根据公司从危机处理过程中总结出来的经验和教训，进行公司经营管理活动的改进。公司对其经营管理活动进行的改进，主要是根据在危机处理过程中发现的问题和总结的经验来进行的。其主要内容是对公司存在的问题进行解决和对公司积累的经验进行推广，如有的公司发现其公司内部信息沟通不畅是危机事件发生的根本原因，则其要进行的改进包括重新设计公司的组织结构，强化公司内部的信息沟通渠道和反馈渠道，从而避免因信息沟通不畅而再次引发危机事件；有的公司发现是其基层员工素质低下而引发的危机事件，则改进必须包括对基层员工的培训和考核，甚至进行必要的处理和更新；如有的公司发现是经营指导思想引发了危机事件，则必须改变其经营指导思想，以免重蹈覆辙等。

公司进行推广的经验或强化的制度主要是在危机处理过程中发现的、公司引以为傲的东西，如公司的凝聚力、合理的工作流程、广泛的社会关系资源、高素质的员工等。公司经验的推广能增强员工的信心和自豪感，同时也有利于提升公司的竞争力。因而，公司应善于从危机中发现公司的优点和长处并加以推广运用。

危机恢复管理中十分重要的一个方面就是对危机处理过程中发现的问题，有针对性地开展一系列的公司形象恢复管理活动，包括投放公司形象广告、产品广告；推出公司全新的产品和服务；调整公司的管理团队，引进新的形象良好的高层人物：公布公司新的市场拓展计划和产品发展计划等。通过一系列有针对性的形象恢复管理活动，充分利用公众对公司的关注力未减弱之前的宝贵时间，改变公众对公司的印象并增加其对公司未来的信心。

第七章

创业计划书

第一节 基本概念

创业计划书是一份全方位的商业计划,其主要用途是递交给投资商,以便于他们能对公司或项目做出评判,从而使公司获得融资。它是用以描述与拟创办公司相关的内外部环境条件和要素特点,为业务的发展提供指示图和衡量业务进展情况的标准。通常创业计划是结合了市场营销、财务、生产、人力资源等职能计划的综合。

创业计划是创业者叩响投资者大门的"敲门砖",是创业者计划创立的业务的书面摘要,一份优秀的创业计划书往往会使创业者达到事半功倍的效果。

创业计划书是将有关创业的想法,借由白纸黑字最后落实的载体。创业计划书的质量,往往会直接影响创业发起人能否找到合作伙伴、获得资金及其他政策的支持。可见,写一份好的创业计划书是十分有必要的。

一、创业计划

创业计划的内容一般围绕执行总结、市场调查、风险分析、财务预测等方面展开论述。主要包括以下四个方面:

(一)战略计划

战略计划是与公司创建有关的各项事宜的总体安排,包括:公司概述,即公司成立时间、形式与创业者,创业团队简介,公司发展概述;公司目标,即公司奋斗的方向和所要实现的理想;产品或服务介绍,主要指产业环境发展,产品或服务的开发过程以及产品或服务的特性、优势、不足等方面的阐述;进度安排,公司的进度包括收入、市场份额、产品开发介绍、合作伙伴、融资计划等领域的重要事件。

(二)营销计划

营销计划主要包括市场分析、运营计划和销售计划三部分。

市场分析主要描述过去、现在和未来的市场需求,分析市场潜力,预测市场价格发展趋势,列举市场主要竞争者的优势,明确竞争策略。

运营计划提供了有关产品生产和服务开发方面的信息,具体包括厂房设计、原材料需求、设备规格、生产方法、制造流程、产品包装、成本预算、生产计划、融资计划、投资者渴望获得的投资回报等方面的内容。

销售计划主要说明未来的销售策略(销售方法、促销手段、定价策略)、销售计划、宣传计划与成本预算。

(三)组织与管理计划

组织与管理计划这部分指公司的组织结构以及可能的变动,营销团队与管理团队的基本资料、专长和工作理念。公司薪资结构,人才需求计划和培训计划等。即公司的组织结构及其关键人物背景资料的说明。

(四)财务计划

财务计划只要包括公司过去财务状况、融资计划、融资后财务预算与评估及未来5年的损益平衡分析。其中,过去财务状况主要指资产负债表和损益表,融资计划主要指融资用途、时机与金额。

鉴于创业计划在创业过程中的战略性地位,创业者在制定计划时应当从上述几个方面入手,充实内容,力争详备,有理有据。但有两点需要注意，一是不可能面面俱到，要重点突出，详略有度；二是不能千篇一律，要体现特色，彰显风格。

二、创业计划书的基本结构

一份完整的创业计划一般是由标题、目录、正文和附录四部分支撑。

第一，标题。明确创业项目名称，体现了公司的经营范围。标题一般在封面以醒目的字体标示出来，比如《××创业计划书》。

第二，目录。目录是正文的索引，需要按照章节顺序逐一排列每章大标题、每节小标题以及章节对应的页码。

第三，正文。正文是创业计划书的主要内容，包括摘要、主体和结论三大部分。

第一部分，摘要。摘要既是创业计划书的引文，引起读者的阅读兴趣；又是创业计划书的纲领，提纲挈领，让读者对创业计划书的内容有一个整体的认知。摘要一般包括公司介绍、创业及其团队介绍、产品和服务、市场分析、营销策略和计划、财务计划、资金需求、风险分析。

公司介绍主要描述公司的经营理念，说明公司的建立时间、规模、发展历史等。

创业及其团队介绍主要列举管理团队核心成员的行业背景、相关经验和以往的主要工作业绩。

产品和服务主要描述产品或服务的功能、作用和独到之处。

市场分析主要描述产品或服务所针对的目标市场和所处的市场地位。

营销策略和计划主要描述公司的营销计划、销售战术和渠道选择等。

财务计划主要强调公司财务分析的客观性和可行性。

资金需求主要明确资金需求量和资金使用计划。

风险分析主要列举可能遇到的风险并给出应对措施。

因此，摘要是整份创业计划书的精华和亮点。它涵盖了创业计划的精髓，是公司基本情况、公司竞争能力、公司市场地位、公司营销战略、公司管理策略、创业项目的投资前景以及风险预测等方面的综合概述。

鉴于摘要在创业计划书中的重要地位，摘要一定要简明生动，精练贴切，不用面面俱到。可以试想一下，如果投资者在摘要中没有看到闪光点，创业计划书就有可能是一叠废纸，扮演不了帮助创业者引资成功的角色。而摘要部分写的赏心悦目就能吸引人继续读下去，同时也就会让创业者有希望成功融资。可见，摘要是整个创业计划书精华的总结，所以通常在计划书的主体完成后撰写。一份出色的摘要需简短而精练，1~2页纸即可。

第二部分，主体。主体是对摘要的具体展开。为了让读者一目了然，一般采取章节式、标题式的方式逐一描述。这里集中了公司战略计划、运营计划、组织与管理计划和财务计划的方方面面。具体包括公司介绍、市场分析、产品（服务）介绍、组织结构介绍、前景预测、营销策略描述、生产计划展示、财务规划和风险分析。只要执笔者能够条分缕析，各章节的具体顺序可以自行调整。但是执笔者应该抓住编写创业计划书的关键要素。

第三部分，结论。结论是对整个创业计划书内容的总结式概括，与摘要首尾呼应，体现文本的完整性。

为了对主体部分进行补充，有时候还需要添加附件部分。受篇幅限制，附件不宜在主体部分过多描述，或不能在一个层面详细展示的，或需要提供参考资料、数据的内容，一般放在附录部分，以供参考。

三、创业计划书的作用

创业计划是引领创业的纲领性文件，是创业者具体行动的指南。一方面，创业计划让创业者自己明晰创业的价值所在；另一方面，创业计划使投资方明白这个项目的投资价值。创业计划本质上是一种创业介绍或投资申请。一份优秀的商业计划书不仅能够吸引投资者的眼球，更能够有效地指导公司经营，帮助创业者理清公司未来的发展思路。因此，在具体的创业实践中，创业者不能轻视创业计划的价值和作用。

首先，创业计划是创业者把握公司发展的总纲领。创业者应首先确立明确的目标，包括经营策略和步骤、市场调查和分析、公司管理与前景展望等。为了使创业行动有章可依，创业计划应运而生。创业计划的内容有两大方面，一是公司追求的目标，二是为了实现这一目标的行动规划。行动和目标越一致，创业计划的可行性越高，创业成功的概率越大。

创业计划的写作过程，也是一个不断调整思路与策略的过程。在这一过程中，创业者或者改变销售策略，或者更改经营思路，或者认识到某一方面的错误和不足，甚至改变了总目标的某一分支，这都有利于公司的良性发展。总之，对创业者来说，创业计划无异于总纲领和总路线。

其次，创业计划是投资者决定是否投资的重要参考。从融资角度看，创业计划通常被喻为"敲门砖"。在一份详备的创业计划中，往往包含了投资者所需要的信息，该公司的现实业绩和发展愿景、市场竞争力和优劣势、公司资金需求现状和偿还能力，以及创业者及其团队的能力和阵容等等。这些都是投资者关心的重点，是他们衡量公司能力和潜力的依据，并以此作为是否对公司投资的参考。即使创业者无意寻求外部融资，也需要一份有侧重点的创业计划，这样可以避免创业初期的散乱局面，减缓创业者的茫然情绪。

再次，创业计划是创业团队及合作者共同奋斗的动力和期望。创业计划书是创业者理想化的体现。公司的预期目标、公司战略、进度安排、团队管理等方面都是创业者理想的具体化图景，是创业团队奋斗的动力。明晰的创业计划，有助于统一思想和路线，有助于步调一致、有的放矢。创业计划是合作者的"兴奋剂"，它让创业者及其他人紧密团结在一起，同甘共苦，打拼未来。创业计划是亲缘纽带的"黏合剂"，因为优秀的创业计划可以让创业者赢得亲友的信任和支持，坚定创业者在艰难的创业路上的信心与勇气。

最后，创业计划为公司经营活动提供依据与支持。创业计划是为公司发展所做的规划。公司创立与成长过程需要由创业计划引领。创业计划的主要构思围绕公司，主要内容更是离不开公司，诸如资金规划、财务预算、产品开发、投资回收、风险评估，步步都与实现目标及公司发展休戚相关。因此，创业计划是公司活动的有力依据和有效支撑，对创业行动具有指导作用。

创业计划是创业理想的具体图景，是创业行动的有效依据，是创业公司的指路灯。它既服务于公司，又服务于投资方，同时服务于利益相关者。它就像公司、投资方、利益相关者的"三方协议"，其中有责任也有义务。公司的责任和义务是主要的。所谓"一荣俱荣，一辱俱辱"，公司的具体操作和创业计划的关联程度如何，直接关系到投资方和其他利益者的投资。

四、创业计划书的格式规范

在撰写创业计划书的过程中，一方面要积极关注创业计划书的核心要素；另一方面，由于创业计划书面对的读者往往是具有背景的投资专家，因此，创业者也需要同时关注创业计划书的书写格式与规范。

第一，商业计划应当简洁明了。人们在阅读一份自己特别感兴趣的商业计划时，应能立即找到问题及解决办法，因此对于那些可能会引起读者兴趣的主题都应该全面而简洁的阐述。一般来说，商业计划最佳长度为25~35页。

第二，写作风格要掌握适中。好的商业计划既不要太平淡无奇，引不起读者的胃口，又不要太花里胡哨，过于煽动性。计划书要有冲击力，能够抓住投资者的心，不等于煽情。一定要记住，商业计划书既不是动员报告，也不是文艺作品，它是一篇实实在在的说明书。

第三，商业计划应当客观，应当用事实说话。凡是涉及数字的地方一定要定量表示，提供必要的定量分析。一切数字要尽量客观、实际，切勿凭主观意愿的估计。有些人在讲述他们的创意时会得意忘形。的确，有些事情需要以一种充满激情的方式讲述，但你应该尽量使自己的语气比较客观，使投资者有机会仔细地权衡你的论据是否有说服力。在行业计划书中，创业家应尽量陈列出客观、可供参考的数据与文献资料。像广告一样的商业计划并不能起到很好的吸引投资者的作用，反而会引起别人的逆反心理，引起投资者的怀疑、猜测，而使他们无法接受。

第四，让外行也能看懂。商业计划的写作风格应一致，一份商业计划，通常由几个人一起完成，但最后的版本应由一个人统一完成，以避免写作风格和分析深度不一致。商业计划是公司的敲门砖，不仅要以一种风格完成，而且应该看起来很统一、很专业。例如，标题的大小和类型都应该和本页的内容结构相协调，另外也要注意可以恰当地使用图片，图文并茂。

第二节 内容构成

投资家雷克那说过，如果你想脚踏实地地做一份工作，那么请写一份创业计划。它能迫使你进行系统地思考。有些创意可能听起来很棒，但是当你把所有的细节和数据写下来的时候，它自己就崩溃了。也就是说，创业计划讲出来和写出来并不是一回事儿，关键要写出来，写出来能发现很多问题，然后根据问题进行调整，以完善创业计划。

一、封面设计

封面如同创业计划书的脸面，如同大学生的求职简历，它首先呈现在读者的面前。因此一定要有独特的风格。封面重在设计，设计者要有一定的审美能力和艺术天赋。有人认为旁人看不懂的一定是独特的，其实这是错误的认知。封面一般以简约、含蓄为主，忌晦涩怪异。

二、公司介绍

公司介绍是计划书正文的一部分。公司简介如同自我介绍，目的就是让投资者认识该公司。这里会涉及公司的基本概况（名称、法律形式、注册地址、联系方式等），公司的发展历史与现状，公司所提供的产品或服务的竞争力，公司未来的发展规划和目标。有些内容是亮点所在，必须下功夫写好，比如公司的主要目标。公司目标是公司要达到的预期效果，如同理想之于个人，公司目标是一个公司发展的动力。

三、市场分析

市场分析在整部创业计划中起着举足轻重的作用，如果对市场调研和分析的重视程度不够，创业计划书将会变得很糟糕。市场调研是为了了解客户，尤其是顾客是否喜欢并愿意购买你的产品？他们为什么购买你的产品？通过什么方式购买？这都是要详细分析的内容。另外，通过市场调研能够了解行业竞争对手。明确竞争对手实际上是为了定位自己的公司，了解自己公司在竞争中的位置，从而明白自身今后发展方向。但是，完成市场调研并非易事，创业者需要投入大量的时间和精力去完成。

第一，进行目标市场分析。目标市场由著名的市场营销学者麦卡锡提出，他认为应当把消费者看作一个特定的群体，这一群体称为目标市场。比如说手机，手机的更新换代异常频繁，消费群体庞大，高端人士青睐外观精巧、质量上乘、功能先进的手机，商务人士喜欢手机具备多样化的商务功能，学生一族追求时尚，普通百姓则以结实耐用为首选。

对目标市场进行阐述时，应该从这几个问题入手：你的细分市场是什么？你所拥有的市场有多大？你的目标市场份额是多大？你的目标顾客群是哪些或哪类人？你的5年生产计划、收入和利润有多少？你的营销策略是什么？

详细的目标市场分析，能够促进投资者判断公司目标的合理程度以及他们承担的风险大小。在对市场的分析中，创业者需要阐述这样的观点：公司处在一个足够大，成长前景非常广阔的市场中，并有足够能力应对来自各方面的竞争。

第二，市场细分需避免四大误区。

误区一：市场细分不是越细越好。市场细分的前提是建立在差异化的基础上，公司只有做好市场细分，才能有效选择目标市场，从而为不同目标市场提供差异化、个性化的产品和服务。因此现在有一种观念，认为市场细分越细越好，市场分得越细表示对客户就越了解，就越能推进差异化营销，营销效率就越高。然而市场细分是有成本的，市场分得越细，必将增加相应的人员、机构为其进行服务。由于目标市场过细，市场规模较小，必然会增加市场细分成本，不利于提高规模效益。

误区二：市场细分不等于渠道全覆盖。要真正做到资源优化配置，营造竞争优势，需要创业者进一步对不同客户群进行市场细分，需要立体式、多维度的市场细分，发现市场机会并寻找最有价值的客户。简单的渠道全覆盖是不可取的，而且渠道全覆盖还会增加公司人力和营销成本。

误区三：盲目追求细分。我们已进入客户导向的时代，加强市场细分是大势所趋。实际中有一种倾向就是盲目照搬国外先进模式，强调从各个方面对市场进行细分，进而选择有效目标市场。然而一味地追求细分而不讲究细分质量和效果是不可取的，必须摒弃无价值的市场细分。

误区四：不要为细分而细分。市场细分的目的就是发现市场机会，针对不同市场制定差异化的策略和开发差异化的产品，如果目标市场营销策略跟不上，不能有效执行，市场细分只能停留在市场细分阶段，不能为公司创造更高的客户价值。

第三，行业市场分析。行业市场是公司要进入的市场。在计划书中，创业者要分析所进入行业的市场全貌以及关键性的影响因素。行业市场分析需要从该行业现状、该行业发展趋势、该行业的影响因素、该行业市场上的所有经济主体概况等方面进行。

在进行行业分析时，应该对所选行业的基本特点、竞争状况以及未来趋势有准确的把握与描述。这些是建立在对所选行业充分了解的基础之上的。创业者只有做到这一点，才能了解行业发展规律，认清行业发展方向，确立公司发展目标。

第四，竞争对手分析。竞争对手是这样一类公司：他们在市场上和你的公司提供着相同或类似的产品和服务，并且在配置和使用市场资源过程中与你的公司具有一定的竞争性。商场中硝烟弥漫，如何打败竞争对手，如何在竞争中胜出是每个公司家都需要考虑的问题。

信息搜集是进行竞争对手分析的前提。公司内部信息库、传统媒体、互联网、商业数据库、咨询机构、服务机构、人际关系网络等，都是搜集竞争对手信息的重要途径。当你获得竞争对手们的基本情况、产品情况、销售策略、技术含量、商界信誉等信息后，做好了相关准备工作，你的计划书行文就会有据可循，表述充分。

第五，产品（服务）介绍。投资家关注的焦点是，公司提供什么产品或服务及产品或服务的价值如何。这一部分是正文的另一个核心。

产品介绍包括：产品的名称、性质、市场竞争力、产品的研发过程、品牌、专利、市场前景等。这里有一点需要详细说明，即产品的特征。特征是不同产品之间或同类产品之间互相区别的标志，所以你的公司提供的产品或服务与同类产品或服务相比有哪些独特之处，一定要具体翔实且通俗易懂地表述出来。如果产品已经生产出来了，最好还有附上原型介绍及图片；如果产品还在设计中，就要提供相应的设计方案并证明自己的生产能力。如果产品是创新型产品，创新就成了该产品的特性。创新一般分为技术创新和模式创新，创新能够构建很强的进入壁垒，赋予产品独特的竞争优势。

四、人员及组织结构说明

所有的创业资源中，人是最宝贵的因素。创业者及其团队介绍和团队管理是创业计划书中不可或缺的内容。

首先，进行主要管理人员介绍。主要管理人员一般是董事会成员及主要营销人员。董事会成员决定公司的发展，营销人员关乎公司的效益，因此，有必要介绍他们的详细经历和背景，乃至他们的职责和能力。具体来讲，包括个人基本信息(姓名、年龄、学历、政治面目等)、工作履历、受教育程度、主要经历、道德素养和综合素质。

应当重点描述关键人员的才能和职责。这些人员如同领头奔跑的骏马，起着带队引领、师范表率的作用。创业管理团队的高效率能激发投资者的信心。因此，一方面，创业者需要建立起一个团结向上、责权明晰的团队；另一方面，在创业计划的写作中要凸显团队风采。

其次，进行组织结构介绍。组织结构即公司管理架构。组织结构体系很多，但初创公司组织结构相对比较简单，员工就是股东。组织结构的关键是分工明确，各司其职。撰写创业计划时可主要介绍董事长、董事会成员和其他股东的权利和义务；明确股本结构，确定公司所有权；列举员工报酬，并说明理由。

五、市场预测

市场预测一般是对开发新产品或开拓新市场的公司而言的。预测的结果很乐观，生产方和投资方皆大欢喜，如果不尽如人意，意味着投资方会承担很大的风险，公司融资的实现程度就会大打折扣。

在撰写之前，应该对以下内容进行深入调查。首先是关于需求的预测。在实际市场中消费者对产品或服务的需求是否存在？如果存在，需求量有多少？这些需求能够为公司带来多大的利益？其次是关于竞争的预测。同类产品或服务甚至相似产品或服务的竞争者有哪些？行业的竞争格局怎样？本公司在竞争中的优势是什么？该优势能为公司带来多少利润？

基于此，在创业计划书中，市场预测应当包括以下内容：需求现状描述，市场现状综述，包括市场竞争、公司所提供的产品的地位、目标市场情况等。

六、营销策略叙述

营销策略在创业计划中的作用也不容忽视，投资者可以从营销计划中参看公司进入市场的能力。因此，有必要认真撰写这一章节并且着重从以下几个方面进行论述。

第一，有关产品及其价格的整体规划。一方面，论述产品的目标客户，展示产品于目标客户的价值；另一方面，制定合理的价格，用足够的证明来论证所定价格的合理性。同时，创业者要制定价格控制方案以便让投资者相信自身的价格控制能力。

第二，分销渠道。需要明确的是：分销渠道是另辟蹊径还是与他人合作？是多渠道销售还是直销形式？关键是创业者要做好销售设计方案，包括具体的销售策略、销售中可能遇到的难题的化解方式、销售队伍建设及管理、不同阶段的销售目标和方向。

第三，宣传方式。这实际是促销策略。刚刚起步的公司有必要靠促销来打开产品市场。折扣、刮奖、广告、展示会等，无论是哪种方式，都要在创业计划书中明确。

七、生产计划说明

作为创业计划书中的重要组成部分，生产计划的作用在于使投资者了解公司的成本规模和公司产品在市场中的受欢迎程度。创业者应该明确业务流程。在业务流程中，创业者一定要明确其中的关键环节，要写明公司的基本运营周期以及间隔时间，更要将季节性生产任务和生产中会遇到的问题及解决方案解释清楚。

具体来说，创业计划书中的生产制造计划应包括以下内容：厂房基本情况，包括地址、基础设施和基本配置情况；产品制造和技术设备现状；生产流程及关键环节介绍；新产品投产计划；生产经营成本分析；质量控制和改进计划及能力。

八、财务规划描述

一份好的财务规划可以降低经营风险，增强公司的评估价值，可以提高公司获取资金的可能性。如果说整份创业计划书是创业者在筹资过程中所做事情的整体概括，那么财务规划则是创业计划书的臂膀，为创业计划书提供有力的支撑。

财务规划一般包括以下内容：

第一，历史经营状况数据。这里针对的是既有公司，初创公司不会涉及此类问题。公司在过去几年的经营状况是未来发展的重要参考，投资方会以此作为抉择的重要依据。创业者应提供过去三年的现金流量表、资产负债表和损益表。其中，现金流量表是公司的生命线，公司无论在初创期还是在扩张期都要对流动资金有预先的计划和使用中的严格控制；损益表是公司盈利状况的写照，反映了公司在一段时间运作后的经营结果；资产负债表体现公司在某一时刻的状况，是投资者用来衡量公司的经营状况以及投资回报率的依据。

第二，未来财务整体规划。未来的财务规划是建立在创业计划书中的生产计划和营销计划之上的。严格来说，创业计划书中的此前任何章节都应该作为公司制定未来财务规划的依据。有理可据，有适当的假设，是做好财务规划的前提。创业者要做的工作就是：论述未来3到5年内生产运营费用和收入状况，将具体财务状况以财务报表形式展示。

财务规划需要财会方面的专业知识，要做到规划精细、账款明晰，最好由这方面的专家来运作。专业的眼光能避免财务报表漏洞百出，也能增强投资商的信任感。因此，创业管理团队中有熟悉财务的人是非常必要的。

九、风险分析

创业计划书前面的章节写得再出色，没有风险分析的创业计划书也是不完美的。因为创业本身就带有一定的冒险性，创业过程中的风险也通常会让人始料不及。风险分析不仅能减轻投资者的疑虑，让他们对公司有全方位的了解，更能体现管理团队对市场的洞察力和解决问题的能力。

第三节 自我评估

创业者精心构思的创业计划书，很可能将面临投资专家的所谓的"5分钟阅读法"。首先，投资专家通过阅读计划摘要判断公司性质和行业；然后通过对负债额、投资需求、资产净值等信息的阅读判断资本机构；第三步，通过阅读资产负债表判断公司的资本流动性，净值以及负债与权益比例；第四步，通过对创业团队成员的背景资料的阅读判断创业团队的才能，这往往是最重要的部分；第五步，确定创业公司的独特特色，找出项目与众不同之处；最后，从头到尾快速阅读一遍，翻阅整个计划的图、表、例证以及计划的其他部分。

"知己知彼，百战不殆"，在了解投资者的评价、行为模式的基础上，大学生创业者应采取积极的应对措施。因此，在创业计划书写完之后，创业者对计划书自我评估、检查一遍，评估计划书是否能准确回答投资者的疑问，争取投资者对创业项目的信心。对计划书的评估、检查可以从以下几个方面展开：

第一，创业计划书是否能显示出你具有管理公司的经验。如果你缺乏能力去管理公司，那么一定要明确的说明，你已经雇佣一位合适的经营人才来管理公司。

第二，创业计划书是否显示了你有能力偿还价款。要保证给预期的投资者提供一份完整的比率分析。

第三，创业计划书是否显示出你已进行过完整的市场分析。要让投资者坚信你的计划书中阐明的产品需求量是确实的。

第四，创业计划书是否容易被投资者所领会。创业计划书应该具备索引和目录，以便投资者可以比较容易地查阅各个章节。此外，还应保证目录中的信息是有逻辑的和现实的。

第五，创业计划书中是否有计划摘要并放在了最前面，计划摘要相当于公司创业计划书的封面，投资者会先看它。为了保持投资者的兴趣，计划摘要应写的引人入胜。

第六，创业计划书是否能在文法上全部正确。如果你不能保证，那么最好请人帮你检查一下。计划书的拼写错误和排印错误能很快就使公司的机会丧失。

第七，创业计划书能否打消投资者对产品或服务的疑虑。如果需要，可以准备一件产品模型。

创业计划书中的各个方面都会对筹资的成功与否有重大的影响。因此，如果对创业计划书缺乏成功的信心，那么最好去查阅一下计划书编写指南或向专门的顾问请教。

参考文献

［1］刘庆远. 商业模式实质与设计理念［J］. 中国商贸，2010(3).

［2］韦雪艳. 影响大学生创业决策认同度与正确度的关键因素［J］. 人类工效学，2012(3).

［3］张瑞. 双创教育视角下高校继续教育的改革路径［J］. 继续教育研究，2017(12).

［4］王焰新. 搞笑创新创业教育的反思与模式构建［J］. 中国大学教学，2015(6).

［5］钟经文. 迅速兴起大众创业万众创新热潮［N］. 经济日报，2015-03-03.

［6］李儒寿. 培养大学生创业能力探析［J］. 襄樊学院学报，2006(6).

［7］徐晓兰. 积极推动大众创业万众创新成为新常态［EB/OL］.（2015-03-09）. http://www.chinanews.com/gn/2015/03-09/7113869.shtml.

［8］黄志广. 试论创新型人才培养的模式和途径［J］. 教育与现代化，2017(4).

［9］郁仪鸿. 创业学［M］. 上海：复旦大学出版社，2000.

［10］李时椿. 创业管理［M］. 北京：清华大学出版社，2010.

［11］姜玲玲. 论大学生创造性思维的培养［J］. 职业技术教育，2002(4).

［12］梅强. 创业基础［M］. 北京：清华大学出版社，2012.

［13］张玉利. 创业管理［M］. 北京：机械工业出版社，2013.

［14］王雅君. 大学生创新创业能力培养的对策与建议［J］. 江西电力职业技术学院学报，2016(29).

［15］徐萍. 个性品质塑造——大学生创新创业教育的关键［J］. 当代教育论坛，2006(1).